D1689683

DIE RITTER DES MÖHRENBREIS

Björn Süfke

DIE RITTER DES MÖHRENBREIS

Geschichten von
Vater und Sohn

Mit Illustrationen
von Jens Rassmus

WALTER

Mix
Produktgruppe aus vorbildlich
bewirtschafteten Wäldern und anderen
kontrollierten Herkünften
www.fsc.org   Zert.-Nr. SGS-COC-003993
©1996 Forest Stewardship Council

Bibliografische Information der Deutschen Nationalbibliothek. Die Deutsche Nationalbibliothek verzeichnet diese Publikation in der Deutschen Nationalbibliografie; detaillierte bibliografische Daten sind im Internet über http://dnb.d-nb.de abrufbar. Walter Verlag, Mannheim 2010. © Bibliographisches Institut GmbH, Mannheim 2010. Alle Rechte vorbehalten. Autorenfoto: © Privat. Umschlagmotiv: © Jens Rassmus. Umschlaggestaltung: init.Büro für Gestaltung, Bielefeld. Printed in Germany. ISBN 978-3-530-50605-1

Inhalt

Pränatal **9**
Vaterglück oder Wie mein Kind zum Sohn wurde
   und ich zum Vater **11**
Bitte nicht Martha! **15**
Schritt vor Schritt **23**
Von der Rolle **29**
Kinderklamotten **35**
»Väter, ran an das Baby!« **39**
Vaterglück Zwei **45**
Mein Sohn ist retardiert **49**
Emotionale Grausamkeiten **57**
Mein Sohn liebt mich nicht **63**
Väter-Diskriminierung **69**
Mutprobe **75**
(Ge)wichtiger Schlaf **81**
Wie ist er denn so? **85**
Was ich an meinem Sohn am meisten liebe **89**
»Bemühen Sie sich auch um Ihre Partnerschaft!« **95**
Natürlich ist mein Sohn *nicht* retardiert **101**
Anna **105**
Das ultimative Abenteuer der Männlichkeit **111**
Beste Wünsche **119**
Mama, Mama **123**
Schlafgefährten **131**
Sohnlos in Linz **137**
Sehnsucht **143**

Für die beste Frau vom Siegfriedplatz, ohne die ich all diese Geschichten nie erlebt hätte.

Und für meine Eltern, ohne deren Unterstützung ich nicht die Zeit gehabt hätte, sie aufzuschreiben.

Pränatal

DIESES BUCH IST FÜR VÄTER. Und für Männer, die es werden wollen. Und natürlich für alle, die Väter lieben – ihre eigenen oder die ihrer Kinder. Auch wer mit dem Vater-Sein überhaupt nichts am Hut hat, kann *Die Ritter der Möhrenbreis* gut lesen – so wie einen Science-Fiction-Roman: Geschichten aus einer fremden Galaxie.

Nur für eine Gruppe ist dieses Buch ungeeignet: Männer, die noch nicht wissen, ob sie Vater werden sollen, und die eine objektive Entscheidungshilfe brauchen. Sie werden hier nicht fündig. Denn dieses Buch ist einseitig, unsachlich, geradezu manipulativ. Für einen Psychotherapeuten wie mich sind dies sehr bedenkliche Eigenschaften, ich weiß. Es tut mir auch leid. Aber ich habe eine Entschuldigung – und die heißt Tom.

Als Toms Mutter und ich in diesem Entscheidungsprozess für oder gegen ein Kind steckten, haben wir vergeblich nach einem einfühlsamen Ratgeber für diese überaus schwierige Lebenssituation gesucht. Nun, genau genommen habe nur ich danach gesucht, denn Katharina hatte ihren Prozess abgekürzt. Am Vorabend meines 34. Geburtstages sprachen wir das erste Mal zaghaft über die Möglichkeit, vielleicht … ganz eventuell … irgendwann einmal über eine Familiengründung nachzudenken. Am nächsten Morgen stand auf meiner Geburtstagskarte, dass sie mir vier Kinder schenken wolle.

Ich selbst allerdings bin ein Zauderer, ein Hasenfuß, ein Pro-und-Contra-Listen-Aufsteller. Eine Frau, die nur eine Nacht darüber schlafen muss, ihr Lebensglück in die Hände eines grüblerischen Einzelgängers zu legen, ist mir entscheidungstechnisch keine große Hilfe. Also suchte ich nach einem Buch, welches mir und meiner

Entscheidungsschwäche rücksichtsvoll zur Seite stünde. Ich fand keins.

So beschloss ich, jeden Tag die Vor- und Nachteile des Kinderkriegens aufzuschreiben, um irgendwann eine statistisch fundierte Entscheidung treffen zu können. Anschließend wollte ich dieses Material psychologisch-fachlich aufbereiten und auf diese Weise zukünftigen Ja-oder-Nein-Vätern eine Entscheidungshilfe an die Hand geben. Mein Verlag war begeistert. Sogar den Titel fanden wir gleich: »Papa oder Porsche? Ein Ratgeber für Unentschlossene«.

Dann aber machte ich einen verhängnisvollen Fehler: Nach zwölf Tagen las ich mir durch, was ich bisher geschrieben hatte. Ich war selbst erstaunt, aber sogar der unsensibelste Möchtegerntherapeut hätte aus meinen acht Seiten eines herausgelesen: Dieser Mann will Vater werden!

Damit war mein ursprüngliches Projekt mangels Material gestorben. Stattdessen begann ein anderes Projekt. Ich ging zu Katharina und sagte ihr, dass ich gerne meinen Geburtstagsgutschein einlösen wolle. Elf Monate später wurde ich Vater.

Der Rest sind Geschichten.

Vaterglück oder Wie mein Kind zum Sohn wurde und ich zum Vater

DER GLÜCKLICHSTE MOMENT im Leben eines Mannes ist die Geburt seines ersten Kindes. Außer bei Vätern, die gerade auf der Autobahn in Richtung Krankenhaus rasen. Oder bei denen, die bewusstlos im Nebenzimmer des Kreißsaals liegen. Oder die keinen Kontakt mehr zur Mutter des Kindes haben. Und abgesehen von mir. Obwohl ich dabei war: körperlich anwesend, keineswegs ohnmächtig und emotional voll engagiert.

Dennoch war der Moment, in dem ich Vater wurde, nicht besonders glücklich. Im Gegenteil: Die zwei oder drei Sekunden, nachdem mein Kind das Licht der Welt erblickt hatte, waren die schlimmsten meines Lebens. Ich dachte nämlich, es sei tot. Kein Mensch hatte mich davor gewarnt, dass Babys, wenn sie aus der sonnenarmen Region des Mutterleibes kommen, pflaumenblau sind. Mit blass hatte ich gerechnet, mit zerknautscht sowieso. Auf blau war ich nicht eingestellt.

Es war ein Gefühl, das nicht leicht zu beschreiben ist. Eher die Abwesenheit jeden Gefühls. Die Abwesenheit von allem. Es war wie »das Nichts« in Michael Endes *Unendlicher Geschichte*: etwas, das schlimmer ist als alles Existierende. Etwas, das alles verschlingt.

Wie so oft half mir die Logik, diese Schrecksekunden zu beenden. Ich schaute in das Gesicht der Hebamme. Sie sah froh aus, entspannt, zufrieden – das Baby konnte unmöglich tot sein! Erst da traute ich mich wieder, es anzusehen: Unser Kind strampelte in den Händen der Hebamme. Dieser Anblick: die unkoordiniert zuckenden, schon nicht mehr ganz so blauen Babybeine – *das* war der beste Moment in meinem Leben.

Langsam kam mein Gehör zurück. Die Hebamme sagte: »Hannah, Schätzchen, du bist ja ein Prachtmädchen, Hannah, Süße!« Sie hatte sich bereits während der Presswehen nach dem Namen unseres Kindes erkundigt, das laut Ultraschallbildern »zu 95 Prozent ein Mädchen« werden sollte. Dann hatte sie es angefeuert: »Komm, Hannah, komm! Weiter, Hannah, weiter!« Das scheint so ein Trend zu sein: Heutzutage wird man überall persönlich angesprochen, meist mit Namen und per Du, in Cafés zum Beispiel oder bei IKEA. Sogar, wenn man noch bis zur Stirn im Muttermund steckt.

»Du bist ja ein echter Wonneproppen, Hannah!«, hörte ich die Hebamme sagen. Zwischen den mittlerweile heftig strampelnden Babybeinen zeigte sich unübersehbar ein Penis. Noch halb im Schock sagte ich leise und vorsichtig meine ersten Worte als Vater: »Entschuldigung, sie ist ein Er!« Ich glaube, ich hob sogar zaghaft den Zeigefinger. Die Hebamme stutzte, drehte Tom zu sich um und rief: »Tatsächlich!« Dann brach sie in schallendes Gelächter aus. Katharina lachte ebenfalls – vermutlich die abfallende Anspannung. Die zweite Hebamme, die gerade Fotos machte, schüttelte sich gar vor Lachen. Man kann es an den Bildern sehen: Die vier oder fünf Fotos von Tom, bevor er auf Katharinas Bauch gelegt wurde, sind alle verwackelt. Ich hoffe sehr, dass die allerersten Lebenserfahrungen nicht wirklich so prägend sind, wie immer behauptet wird: Die erste Erfahrung im Leben meines Sohnes war, dass drei Frauen seinen Penis mustern und lauthals lachen.

Später fragte ich die Hebamme, ob Tom bei der Geburt außergewöhnlich blau gewesen sei. Sie schüttelte den Kopf: »Nein, ganz normal. Er war doch recht rosig, der Kleine!« Seit diesem Tag sage ich zu jedem werdenden Vater, den ich treffe: »Herzlichen Glückwunsch!

Aber stell dich darauf ein, dass dein Kind bei der Geburt blau sein wird. Nicht bläulich oder blass, sondern komplett blau! Denk dran!« Ich bin sicher, in meinen zwölf Jahren als Psychotherapeut habe ich niemals jemandem mehr geholfen als diesen werdenden Vätern.

Der glücklichste Moment in meinem Leben war übrigens ein ganz anderer. Es war drei Tage nach Toms Geburt. Nach drei Tagen voller Faszination, Überforderung und Unsicherheit. Nach 1000 Fragen, 3000 Antworten und reichlich Schlafentzug. Tom war gerade gestillt worden, wollte aber so gar nicht still sein. Im Gegenteil, er schrie wie am Spieß, sogar auf dem Bauch der besten Mutter vom Siegfriedplatz. Ich nahm ihn auf den Arm, trug ihn durch die Wohnung und redete leise auf ihn ein. Nach zwanzig Sekunden war er ruhig, nach zwei Minuten eingeschlafen. Ich legte ihn unendlich vorsichtig in sein Bettchen. Er schlief weiter. Katharina lächelte dankbar und schlief auch ein. Ich holte mir ein Bier.

In diesem Moment, mit meinem Bier auf der Wohnzimmercouch, fühlte ich, dass mein Sohn nun seine Scheu vor mir für immer abgelegt hatte. Dass er Vertrauen in mich und in unsere Beziehung gefasst hatte. Dass er sich bei mir völlig sicher fühlte. Dass er meine Gegenwart genoss. Ich fühlte mich geliebt. Ich war unfassbar glücklich.

Heute weiß ich natürlich, dass es genau umgekehrt war. Dass *ich* meine Scheu verloren, Vertrauen gefasst, Sicherheit gewonnen hatte. Tom war am besagten Abend so abgefüllt mit Muttermilch, dass er vermutlich auf einem Rodeo-Pferd eingeschlafen wäre. Aber was spielt das noch für eine Rolle? Dieses Erlebnis erfüllte mich mit so viel Liebe, Glück und Mut, dass ich tatsächlich Vater wurde an diesem Abend, mehr noch als drei

Tage zuvor. Und vermutlich liebt ein jeder Junge den Mann, der mit ganzem Herzen sein Vater wird – egal ob bei der Geburt, drei Tage, Jahre oder Jahrzehnte später.

Bitte nicht Martha!

Die Namenssuche für ein Baby ist eine äußerst schwierige und verantwortungsvolle Aufgabe. Man gibt dem Kind schließlich etwas mit, das es für den Rest seines Lebens mit sich herumschleppen muss.

Heutzutage fängt die Qual der Wahl ja schon mit dem Nachnamen an. Früher, als die Welt noch in Ordnung war (wenn auch in einer sehr zweifelhaften Ordnung), gab es dieses Problem nicht: Da trug das Kind hinten den Namen des Vaters. Wenn dieser Vater Szypreziczentriwicz hieß oder Kussmaul, die Mutter hingegen Gräfin Sievicke oder Fürstin von Lietzenburg, dann hatte man eben Pech gehabt. Trotz solcher bitteren Einzelfälle muss ich sagen: Die Regelung hatte was für sich. Ich will ganz sicher keine alten patriarchalen Strukturen stützen. Aber eigentlich macht es keinen Sinn, dass bei der Geburt eines Kindes der gesamte Name frei wählbar ist. Schließlich können sich auch die Eltern das Kind nicht aussuchen – oder das Kind die Eltern.

Die beste Schwangere vom Siegfriedplatz und ich fanden bei der Namensfrage schnell einen geschlechtergerechten und partnerschaftlichen Kompromiss. Wir entschieden uns für eine Anlehnung an die skandinavische Tradition der Nachnamensfindung: Sollte es ein Junge werden, würde er nach dem Vater heißen, ein Mädchen hingegen nach der Mutter. Katharina fand das schon deswegen einen guten Deal, weil ihre Intuition ihr sagte, dass das Kind ein Mädchen werden würde.

Blieb die Frage nach dem Vornamen. Abend für Abend setzten wir uns zusammen und führten lange kontroverse Debatten über die richtige Wahl. Kurz gesagt: Wir konnten uns ums Verrecken nicht einigen. Das lag vor allem daran, dass Katharina die Diskussion über einen Jungennamen gänzlich verweigerte. Sie spürte ja, dass das Kind ein Mädchen werden würde. Und bei den Mädchennamen gab es für sie nur eine einzige Option – und die hieß: Martha. Jawohl, sie wollte unser Kind Martha nennen!

Es ist erschreckend: Da leben wir nun seit Jahren zusammen, teilen die intimsten Geheimnisse, und plötzlich tun sich bei der besten Frau vom Siegfriedplatz Abgründe auf, die ich mir in meinen schlimmsten Träumen nicht ausgemalt hätte. Martha! Ich möchte wirklich keiner Martha dieser Welt zu nahe treten – es kann ja keiner was für seinen Namen! Es gibt sicher auch eine Menge sehr sympathischer Adolfs in Deutschland. Aber deshalb muss ich doch mein Kind nicht so nennen!

Als ich das erste Mal diesen Martha-Vorschlag hörte, kam mir sofort ein Bild aus meiner Kindheit: »Das Hendl-Eck«, ein Grillimbiss in Lübeck, der heute vermutlich eine Pizzeria ist, oder ein Dönerladen, oder ein Handyshop. Vor 25 Jahren jedoch gab es noch Grillimbisse – mit haufenweise gegrillten Hähnchen, Currywurst mit Pommes und grundsätzlich keinem Salat, außer vielleicht Bohnensalat. »Das Hendl-Eck« wurde von zwei Damen um die 60 geführt, die unter ihren Kittelschürzen stets ärmellose Blusen trugen. Ich weiß das mit den Blusen noch so genau, weil mich als Kind die massigen Oberarme der Damen, die vermutlich alle drei Mahlzeiten des Tages an ihrem Arbeitsplatz einnahmen, stets fasziniert hatten. Beide Damen hießen, wie man ihren entsprechend bestickten Kittelschürzen entnehmen konnte: Martha.

Von daher war ich von Katharinas Namenswahl wenig begeistert. Ich fragte meine Eltern und die meisten meiner Freunde nach ihrer Meinung. Alle antworte-

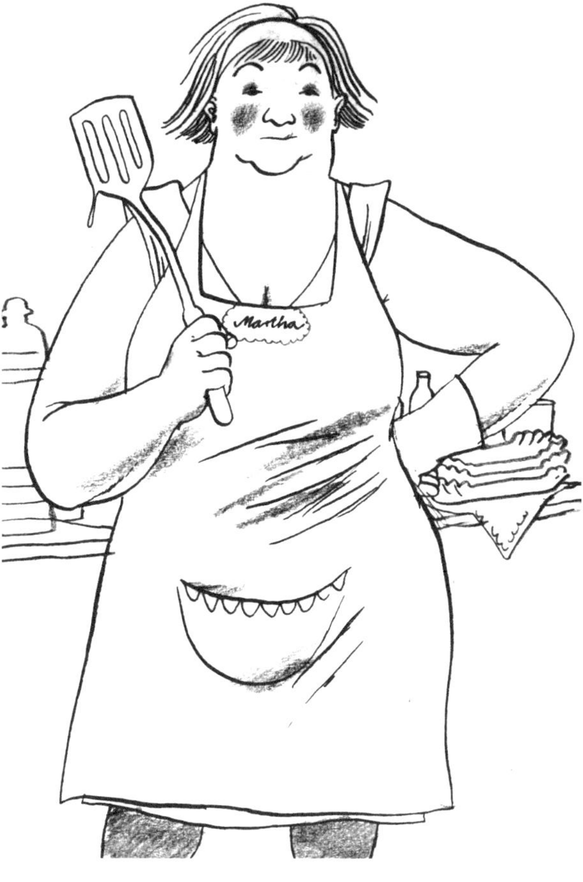
Martha

ten höflich, dass sie eine Großtante mit Namen Martha gehabt hätten, die habe immer diese ärmellosen Blusen getragen. Ich sagte: »Ja, genau! Schrecklich, nicht wahr?« Mein jeweiliger Gesprächspartner atmete erleichtert auf: »Ich wollte es nicht so deutlich sagen, aber ... ja, schrecklich!«

Damit war das Thema »Martha« für mich eigentlich durch. Mysteriös war nur, dass mich der Name in den kommenden Wochen auf Schritt und Tritt verfolgte. Zunächst kam der Film »Bella Martha« mit der fantastischen Martina Gedeck im Fernsehen. Natürlich musste ich den zusammen mit Katharina gucken, einer Hochschwangeren sollte man keinen derart kleinen Wunsch abschlagen, das kann und wird hinterher gegen einen verwendet werden. Tagelang lag mir Katharina danach mit Martina Gedeck in den Ohren und ob es ihrer faszinierenden Ausstrahlung etwa geschadet hätte, dass sie in dem Film Martha hieß.

Aber es kam noch schlimmer: In dem Buch, das ich gerade las, bekam die Protagonistin ein uneheliches Kind, das sie Martha nannte und das sich im weiteren Verlauf als niedlich, schlau und äußerst liebenswert entpuppte. Ein paar Tage später bekam ich von meiner besten Freundin den *Kleinen Erziehungsberater* von Axel Hacke geschenkt, auf den ich mich gleich stürzte. Bei der fünften oder sechsten Geschichte stockte mir der Atem. In dem Buch stand exakt der folgende Satz: »In jedem Haushalt sollte es eine Martha geben!« Ich habe wirklich keinen ausgeprägten Hang zum Übersinnlichen, aber es fiel mir schon schwer, all das nicht als Wink des Schicksals zu verstehen.

Zum Glück rückte Katharina schließlich von ihrem Wunsch ab, nachdem auch sie einige Rückmeldungen zum Namen »Martha« bekommen hatte. Relativ viele ihrer Freundinnen hatten von Großtanten mit ärmellosen Blusen berichtet. Und in Katharinas Familie gibt es väterlicherseits eine Neigung zu massigen Oberarmen.

Da die zukünftig beste Mutter vom Siegfriedplatz keinerlei Namensalternativen zu Martha hatte, kamen wir zu einer veränderten, aber natürlich ebenso geschlechtergerechten Regelung: Katharina sollte, unabhängig vom Geschlecht des Kindes, den Nachnamen aussuchen dürfen und ich den Vornamen. Sie legte sich relativ schnell auf ihren eigenen Nachnamen fest und konnte sich ab da ganz dem Austragen unseres Nachwuchses widmen.

Für mich hingegen ging der Stress erst richtig los. Schließlich wollte ich meinem Kind, welches ich soeben vor dem Namen »Martha« gerettet hatte, nun kein anderes Namens-Päckchen aufladen. So sollte es etwa vor meinem eigenen Schicksal verschont bleiben. Verstehen Sie mich nicht falsch, ich finde meinen Vornamen sehr schön. Aber das ging in den 70er-Jahren leider vielen Eltern so. Entsprechend war ich in meiner Klasse einer von drei Björns. Der eine andere Björn sah sehr gut aus und wurde deshalb »Björn Eins« gerufen, der andere andere Björn war zumindest eine Sportskanone und hörte auf den Rufnamen »Björn Zwei«. Und ich … Nun ja, auf jeden Fall beschloss ich, keinen Namen auszusuchen, der im vergangenen Jahr in den Top Ten war oder der aufsteigende Tendenz bewies.

Nun wusste ich also schon mal, wie er oder sie auf keinen Fall heißen sollte. Eine echte Namensidee hatte ich allerdings immer noch nicht. Ich blätterte sämtliche Namensbücher durch, die auf dem Markt zu bekommen waren, und schritt die Friedhöfe Bielefelds Reihe für Reihe ab. Sogar eine Internetseite mit Inuit-Vornamen fand ich: »Aipaloovik« gefiel mir sehr, aber ich wollte dem Kind ersparen, seinen Namen immer buchstabieren zu müssen. Ich kam nicht weiter.

In schwierigen Situationen wie diesen sollte man sich an die Tradition halten, zum Beispiel an die familiäre. Meine Vorfahren waren allerdings bei der Namensgebung nicht sehr fantasievoll. Besonders einfach machten es sich meine Urgroßmutter und mein Urgroßvater mütterlicherseits. Sie nannten ihren Erstgeborenen Gustav Heinrich Friedrich und seinen jüngeren Bruder Friedrich Heinrich Gustav. Für einen dritten Sohn war vermutlich Heinrich Friedrich Gustav vorgesehen, aber danach kamen lauter Mädchen. Nun gut, man musste damals eben sehr viel arbeiten und hatte wenig Zeit für lange Spaziergänge auf Friedhöfen oder das Surfen auf Inuit-Vornamensseiten.

Väterlicherseits sieht es übrigens nicht viel besser aus: Mein Vater heißt im Zweitnamen nach seinem Vater, ich ebenfalls. Meine Großtante hörte auf den schönen Namen Anna Elisabeth und wollte wohl nicht, dass dieser prächtige Zweitname so schmählich vernachlässigt wird. Sie nannte ihre Tochter Elisabeth Helene. Deren Tochter heißt Helene Karina und ist im siebten Monat schwanger. Sollte sie ein Mädchen bekommen, hat sie vermutlich keine Namenssorgen.

Immerhin verhalf mir dieser Ausflug in die Familiengeschichte zu der Entscheidung, meinem Kind nur einen einzigen Vornamen zu geben. Mit manchen Traditionen muss einfach gebrochen werden.

Für einen Jungen wählte ich schließlich, erschöpft, aber glücklich, den schönen Namen Tom. Wenn Tom sein Name später nicht gefällt, kann er ihn ja irgendwie verlängern oder sich einen Künstlernamen zulegen. Und sollte er Schwierigkeiten mit seinem Nachnamen haben, muss er halt heiraten und den Namen seiner Frau annehmen. Vielleicht wird unser süßer rotblonder Junge später also Tomislav Ravanelli heißen oder Ronaldo dos Santos. Aber für mich, das ist sicher, bleibt er für immer mein Tom Björnson.

Schritt vor Schritt

Es heisst ja immer, die Schuhe oder die Nase eines Mannes sagen viel über seine Persönlichkeit oder andere Merkmale aus. Unsinn! Aussagekräftig ist einzig und allein das Lieblingslied. Sollten Sie etwa einen Mann kennenlernen, der auf »Sex machine« steht, oder eine Frau, die »I will survive« rauf und runter hört, rate ich Ihnen, umgehend das Weite zu suchen. Das Gleiche gilt, wenn jemand gar kein Lieblingslied hat, nach dem Motto: »Ich höre alles Mögliche!« Wer sich schon musikalisch nicht entscheiden kann, wird sich kaum darauf festlegen, mit einem bestimmten Menschen den Rest seines Lebens zu verbringen.

Mein persönlicher Superhit war bis vor Kurzem »The boy with the thorn in his side« von den Smiths, veröffentlicht 1985, also pünktlich zu Beginn meiner Pubertät. Fast ein Vierteljahrhundert lang blieb ich diesem Song treu, hörte ihn etwa drei- bis viermal die Woche und störte mich nur wenig daran, dass der Text meinem Leben längst nicht mehr entsprach.

Dann kam »Schritt vor Schritt«. Leider sind mir sowohl Interpret als auch Erscheinungsjahr dieses phänomenalen Titels unbekannt. Es ist schlichtweg das erste Lied auf einer selbst gebrannten Kinderlieder-CD, die mir ein befreundeter Vater zu Toms Geburt geschenkt hat – ein Akt, dessen enorme Weisheit mir erst später klar wurde. Wenn mit »The boy with the thorn in his side« mein Leben begonnen hat, so kann ich mit Fug und Recht sagen (und das Pathos ist an dieser Stelle vollkommen angemessen): »Schritt vor Schritt« hat mir das Leben gerettet! Und das meiner kleinen Familie dazu. Das kam so:

Unser Sohn ist ein Bauchschläfer. Seit jeher schläft er

grundsätzlich auf dem Bauch, selbst im Kinderwagen. Als aufgeklärte Eltern waren wir sofort alarmiert, denn wir hatten so einiges über den plötzlichen Kindstod bei Bauchschläferkindern gelesen. Das mit dem plötzlichen Kindstod und der Schlafposition ist ein wenig wie mit den langen Haaren bei Männern: Alle fünfzehn bis zwanzig Jahre wechselt da die Mode, und was zum einen Zeitpunkt total angesagt ist, gilt eine Generation später als Kapitalverbrechen. Niemals werde ich die Blicke der anderen frischgebackenen und aufgeklärten Eltern vergessen, wenn sie unseren Tom kopfüber im Kinderwagen liegen sahen!

Da Tom aber sowohl die Mode als auch die Wissenschaft standhaft ignorierte, hatten wir ein beträchtliches Problem, als wir mit ihm – er war gerade im zarten Alter von zwei Monaten – die Autofahrt von Bielefeld nach Lübeck zu seinen Großeltern väterlicherseits antreten wollten. Im Kinder-Autositz muss man nämlich »richtig herum« sitzen und auch schlafen – da führt kein Weg dran vorbei. Clever wie Toms Mutter und ich sind, traten wir die Reise erst deutlich nach Sonnenuntergang und Beginn der Schlafenszeit an. Wir hofften, die große Müdigkeit werde Tom dazu bringen, ausnahmsweise mal in dieser ungewohnten Position einzuschlafen.

Das Resultat dieser Strategie war das vermutlich lauteste, durchdringendste, nerven- und herzzerreißendste, aber vor allem anhaltendste Babygeschrei seit der Besiedelung Ostwestfalen-Lippes. Wir lernten in dieser Nacht nicht nur alle Raststätten zwischen Bielefeld und Hamburg kennen, sondern auch etliche gottverlassene Parkplätze und Nothaltebuchten. Jedes Mal, wenn Tom aus seinem Kindersitz heraus- und auf den Arm genommen wurde, verstummte das Geheule sofort, um ebenso unmittelbar wieder einzusetzen, sobald der Anschnallgurt über ihm einrastete. Man kann dem Jungen wirklich nicht vorwerfen, er hätte sich missverständlich ausgedrückt. Einige Male haben wir ernsthaft überlegt, ob nicht einer von uns die verbleibenden 100 bis 200 Kilometer mit Tom im Kinderwagen zurücklegen sollte, wo er bäuchlings und zufrieden und wissenschaftlich unkorrekt hätte schlafen können. Nach sechs Stunden Fahrt hatten wir Hamburg-Harburg noch nicht passiert.

In letzter Verzweiflung erinnerte ich mich an besagte Kinderlieder-CD des besagten unendlich weisen Vaters. Ich legte sie in den Player, startete das erste Lied, »Schritt vor Schritt«, und schon nach wenigen Klängen: anhaltende Stille. Tom, das Gesicht tränenglänzend, lauschte mit großen Augen der Musik und machte keinen Mucks.

Nach etwa drei Minuten folgte das zweite Lied, »Wir gehen gerne in den Zoo«, das meines Erachtens mit einem durchaus schmissigen Refrain aufwarten kann. Tom nahm, ohne zu zögern, sein Protestgeheul wieder auf. Obwohl ich gerade bei strömendem Regen einen Sattelschlepper überholte, suchte ich fieberhaft nach der Rückspul-, dann nach der Repeattaste. Das Geheule verstummte sofort, zwei Lieddurchgänge später war Tom eingeschlafen. Er wachte erst wieder auf, als wir bereits in Sichtweite des Holstentors waren. Erneut lauschte er aufmerksam den Klängen von »Schritt vor Schritt«, das nun sicherheitshalber durchgehend lief. Bei der Rückfahrt nach Bielefeld übrigens, der wir ängstlich-gespannt entgegengesehen hatten, das exakt gleiche Bild.

Daraufhin sind wir in den kommenden Monaten vier weitere Male »Schritt vor Schritt« nach Lübeck gepilgert und insgesamt fünf Mal zu meinen Schwiegereltern ins Ruhrgebiet gefahren. Wir haben eine Urlaubsfahrt in den Harz unternommen und eine weitere an die Mecklenburgische Seenplatte. Schließlich sind wir sogar vollkommen angst- und schweißfrei zu einer Freundin nach Süditalien gereist. Unser Konto ist mittlerweile über 2000 Euro im Minus, alles nur aus Freude über unsere zurückgewonnene Automobilität.

Jeden Morgen, unmittelbar nach dem Aufwachen, ertönt in meinem Kopf die Melodie von »Schritt vor Schritt«. Ich summe den Song beim Frühstück, unter der Dusche und auf dem Weg zur Arbeit. Neulich war ich mit einem Freund im Kino, es lief ein Actionfilm, irgendjemand schrie: »Keinen Schritt weiter oder ich schieße!«, und plötzlich drehte sich der halbe Kinosaal vorwurfsvoll nach mir um. Ich guckte hilfesuchend meinen Freund an, er flüsterte: »Du hast irgend so ein Lied gesungen: ›Schritt für Schritt läuft mein Pferdchen‹ oder so ähnlich ...«

Und wenn die beste Mutter vom Siegfriedplatz und ich abends nichts mehr zu erledigen haben, und wenn es nichts zu reden und auch keine neuen Tom-Fotos gibt, die wir uns anschauen könnten, dann steht einer von uns auf, geht zur Stereoanlage und stellt »Schritt vor Schritt« auf Repeat. Wir sitzen dann händchenhaltend auf dem Sofa, und ich empfinde eine mir bis dato völlig unbekannte Entspannung, ein großes, kaum fassbares Glück, ich möchte gar sagen: einen tiefen inneren Frieden. Daher verdient dieses Lied, nein, es erfordert geradezu, dass an dieser Stelle der gesamte Text in seiner vollen Pracht abgedruckt wird:

Schritt vor Schritt, ja, so läuft mein kleines Pferdchen, Schritt vor Schritt, ja, so lauf' ich immer mit. Linksherum und rechtsherum, immerzu im Kreise reiten wir durch die weite Welt, dorthin, wo's uns gefällt.

Schritt vor Schritt galoppiert mein kleines Pferdchen, Schritt vor Schritt galoppier' ich immer mit. Linksherum und rechtsherum, immerzu im Kreise reiten wir durch die weite Welt, dorthin, wo's uns gefällt.

Schritt vor Schritt, ja, so springt mein kleines Pferdchen, Schritt vor Schritt, ja, so spring' ich immer mit. Linksherum und rechtsherum, immerzu im Kreise reiten wir durch die weite Welt, dorthin, wo's uns gefällt.

Schritt vor Schritt, ja, so rennt mein kleines Pferdchen. Schritt vor Schritt, ja, so renn' ich immer mit. Linksherum und rechtsherum, immerzu im Kreise reiten wir durch die weite Welt, dorthin, wo's uns gefällt.

Von der Rolle

WENN MAN VATER WIRD, dann gewinnt man ein Kind – und verliert eine Frau. Ich meine das nicht wörtlich, um Gottes Willen, glücklicherweise ist die Müttersterblichkeitsrate in Deutschland auf circa sechs Todesfälle bei 100000 Geburten gesunken. Und glauben Sie mir, es gibt kaum einen medizinischen Fortschritt, für den ich so dankbar bin. Nein, man verliert seine Frau lediglich als Frau, als Partnerin, als Geliebte – das allerdings in 100000 von 100000 Fällen. Bei allem Respekt für die Frauen im Allgemeinen und die beste Frau vom Siegfriedplatz im Speziellen: Letztlich ist das ein ganz passabler Tausch. Zumindest wenn man wie ich das beste Kind der Welt dafür bekommt. Schade ist es trotzdem.

Allerdings habe ich meine Frau nicht gänzlich verloren. Manchmal begegne ich ihr noch. Wir treffen uns in jenen raren Momenten, in denen sie nicht in erster Linie Mutter ist und ich (zufälligerweise zum gleichen Zeitpunkt) nicht vor allem Vater. Dann umarmen und küssen wir uns hektisch und ungelenk. Manchmal kichern wir dabei wie Teenager. Das Ganze trägt den süßen Geschmack des Verbotenen.

Für Nicht-Eltern-Paare ist es befriedigend, wenn der Liebesakt gemeinsam endet; für Eltern-Paare ist es schon ein Highlight, wenn er gemeinsam beginnt. Daher genießen wir jeden einzelnen dieser gestohlenen Augenblicke, als wäre er das erste Zeichen der Zuwendung und Zärtlichkeit seit langer, langer Zeit. Und als könnte er jede Sekunde dahin sein. Das ist auch nicht weiter schwer, weil dieser Moment vermutlich das erste Zeichen der Zuwendung und Zärtlichkeit seit langer, langer Zeit ist. Und weil er mit großer Wahrscheinlichkeit in der nächsten Sekunde durch Babygeschrei sein Ende findet.

Das Schönste an diesen Begegnungen ist, dass sie meist vollkommen unerwartet kommen. Als würde ich einen lieben alten Bekannten, der seit Jahren im Ausland lebt, beim Bäcker um die Ecke treffen. Sie sind allerdings auch ähnlich selten. In den langen Zeiträumen zwischen diesen kostbaren Momenten verbringe ich einfach sehr viele Stunden mit der Mutter meines Sohnes.

Nun ist es keinesfalls so, dass man als Vater oder Mutter weniger attraktiv wäre als zuvor. Wer das glaubt, sollte einmal gegen 16 Uhr, wenn die Kinder aus den Kitas zurück sind, einen gut frequentierten Spielplatz besuchen. Nicht nur die Kinder dort sind ein schöner Anblick.

Es fehlt auch nicht die Zeit, wie immer so gerne vorgeschoben wird. Unser Sohn zumindest schläft jeden Tag dreizehn bis vierzehn Stunden, wir hingegen nur sechs bis sieben. Da kann rein mathematisch irgendwas nicht stimmen mit der »keine Zeit«-Argumentation. Außerdem gibt es ja Gesten der Zärtlichkeit, die nicht zwangsläufig Stunden dauern: ein Blick, ein Kuss, eine Umarmung.

Das mit der »fehlenden Energie« kommt der Sache vielleicht etwas näher. Aber das sagt man bei der Steuererklärung ebenfalls – und auch da ist es eine ziemlich faule Ausrede. Wem tatsächlich sechs Monate lang jeden einzelnen Tag die Energie für die Steuererklärung fehlt, der ist hochgradig depressiv.

Nein, die Ursache dafür, dass bei Eltern die Partnerschaft brachliegt, ist eine vollkommen andere: Es liegt an der Rolle! Genauer: an der Rolleninkompatibilität. Vater *und* Partner, Mutter *und* Partnerin – das geht ein-

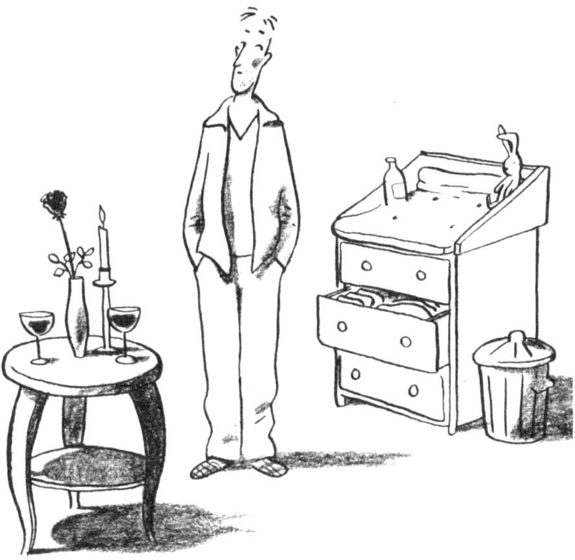

fach nicht zusammen. Das ist wie Drache *und* Feuerwehrmann, Wikinger *und* Angst, Bayern- *und* St.-Pauli-Fan. Die Elternrolle und die Partnerrolle sind einfach zu weit auseinander, da ist ein schnelles Umschalten unmöglich. Man denkt nicht einmal daran, dass da irgendwo ein Schalter sein könnte. Und da man als Elternteil ständig präsent sein muss, ständig in dieser Rolle angefragt wird, bleibt man einfach dabei.

So habe ich nach ein paar Monaten Vater-Sein so gut wie vergessen, dass ich mal Partner war, äh, ich meine: bin. So wie ich mich auch kaum noch daran erinnern kann, dass ich früher stundenlang Musik gehört, Snooker gespielt und andere hochgradig vater-inkompatible Dinge getan habe. Daher vermisse ich auch nichts. Nicht, solange ich in der Vaterrolle bin.

Dass das mit dem Rollenwechsel äußerst schwierig ist, erkennt man auch daran, dass manche Mütter und Väter ihre Partner behandeln wie Kinder. Oder auch ihre Kinder wie Partner, was natürlich deutlich dramatischer ist. Einige haben selbst mit dem grundlegenden Rollenwechsel »Mutter/Vater → normaler Mensch« ihre Schwierigkeiten. Eine Kollegin von mir, die seit fünf Monaten Mutter ist, verfällt in allen Gesprächen sofort in den klassischen Baby-Singsang. Wenn ich zu ihr sage: »Da war eine Nachricht für dich auf dem AB, ich habe dir eine Notiz ins Fach gelegt«, lächelt sie breit, nickt mir aufmunternd zu und sagt: »Suuuuper, priiiima gemacht!«

Am Schlimmsten aber ist, dass ich alles nur noch aus meiner neuen Vaterrolle heraus verstehe. Beziehungsweise missverstehe. Wenn etwa in einer Disco eine Frau auf mich zukäme und zu mir sagte: »Sie sind ein ausgesprochen attraktiver Mann!«, würde ich das sicher genau so verstehen, wie es gemeint ist. Ganz anders auf dem Spielplatz. Dort war ich vor einigen Wochen zusammen mit Tom und einem Freund von mir. Wir schaukelten, wippten, bauten Sandburgen und vieles mehr. Irgendwann ging ich mir einen Kaffee holen und setzte mich auf eine Bank. Nach kurzer Zeit kam eine der Stamm-Mütter dieses Spielplatzes mit ihrer Tochter Aline zu meiner Bank. Sie band dem Mädchen die Schuhe zu und schickte sie schaukeln. Wir begannen ein belangloses Gespräch über Kinder im Allgemeinen und unsere im Speziellen – die übliche Spielplatzkonversation halt. Bis plötzlich – mein Freund schwört es Stein auf Bein – die Mutter bzw. Frau zu mir sagte: »Sie sind ein ausgesprochen attraktiver Mann!«

Ich kann das weder bestätigen noch dementieren, denn ich habe es wirklich nicht gehört. In meinem Gehirn wurde lediglich der Satz »Sie sind ein ausgesprochen toller Vater!« abgespeichert. Deswegen antworte ich höflich: »Oh danke, vielen Dank, mein Kleiner ist ja auch ein Prachtstück!« Vermutlich war auf dem Spielplatz meine Gehirnregion »Mann«, Unterordner »zwischengeschlechtliche Anziehung«, einfach nicht freigeschaltet. Sozusagen nicht auf Empfang. Die Frau schaute entsprechend verständnislos. Ich wiederholte: »Mein Kleiner ist wirklich ein Prachtstück!« Sie runzelte die Stirn und ging davon. Es war ziemlich peinlich.

Mein Freund lachte 20 Minuten später immer noch, sodass ich ihn schnell zur Straßenbahn brachte. Zu Hause erzählte ich Katharina die Geschichte. Sie amüsierte sich ebenfalls bestens und wollte jedes einzelne Detail der Begegnung hören. Nicht dass sie dabei eifersüchtig gewirkt hätte. Aber irgendwie muss dieses Spielplatzereignis die beste Mutter vom Siegfriedplatz aus ihrer Mutterrolle herauskatapultiert haben. Sie drängte mich bereits gegen 18 Uhr, den Jungen ins Bett zu bringen, obwohl er keinerlei Anzeichen von Müdigkeit zeigte. Auch war sie plötzlich sehr interessiert zu erfahren, was ich für den Abend noch so vorhätte. Ich hatte meinen Sohn auf dem Arm und war ausgesprochen rollenverwirrt.

Es ist aber auch irritierend: Den ganzen Tag über bin ich nichts als Vater und habe nur Windeln, Bio-Aprikosen und Sandburgen im Sinn. Dann plötzlich, ohne jede Vorwarnung, entpuppt sich das Wesen, welches bisher einfach die Mutter von Aline war, als Scarlett Johansson. Und die Mutter meines Sohnes wirft mir beim Möhrenpürieren vielsagende Blicke zu und ähnelt auf einmal der Frau, die sich vor vielen Jahren auf meinem sonnenüberfluteten Balkon geistesabwesend durch die Haare fuhr. Das soll ein Mann ... Also, ich meine: Das soll ein Vater erst einmal ... Also, was ich meine, ist: Das muss man erst einmal alles verarbeiten als Mann oder als Vater oder als ... Ach, Sie wissen schon, was ich meine!

Kinderklamotten

ICH BIN KEIN GROSSER FREUND der Genetik. Zumindest nicht, wenn damit die Unterschiede zwischen den Geschlechtern erklärt werden sollen. Seit Jahrzehnten lese ich dauernd: Frauen können besser dies und Männer besser das, weil ihr Gehirn, das Testosteron, das Östrogen, das Corpus callosum ... Das ist irgendwie langweilig, finde ich, so unabänderlich, das macht keinen Spaß. Ich muss allerdings eingestehen, dass es nachweislich *eine* Erbinformation gibt, die definitiv auf dem X-Chromosom gespeichert ist. Sie steht daher Männern nur halb zur Verfügung – oder Frauen im Übermaß, ganz wie man will. Ich spreche vom Sinn für Kleidung. Keine Ahnung, wie der sich in den paar Jahrtausenden, seit wir überhaupt Kleidung kennen, aufs X-Chromosom geschlichen hat. Aber nun ist er drauf, das steht fest.

Mir zum Beispiel täte kleidungstechnisch ein zweites X-Chromosom sehr gut. Ich würde lieber drei Tage lang in einem feuchten Verlies bei Wasser und Brot Gleichungen mit vier Unbekannten lösen, als shoppen zu gehen. Nicht, dass ich Klamotteneinkaufen von Grund auf unangenehm fände – es kommt nur nichts Vernünftiges dabei heraus. Ich hatte vor ein paar Jahren mal neun braune Hosen ohne einen einzigen passenden Pullover dazu. Von Schuhen ganz zu schweigen. Aber die Hosen hatten halt gepasst, deswegen habe ich sie gekauft. Ich weiß auch nicht, warum mir damals nur braune Hosen gepasst haben. Heute besitze ich sechs braune beziehungsweise braun-verträgliche Pullover – leider sind die Hosen mittlerweile alle etwas eng am Bauch.

Aber es ist nicht nur der fehlende Geschmack. In aller

Regel gehe ich noch im Juni mit Wollsocken und Pullover aus dem Haus, weil ich die plötzliche Umstellung der Jahreszeiten nicht so schnell auf die Reihe bekomme. Im frühen Winter dann laufe ich meist in T-Shirts und meinen gerade so schön eingelaufenen Sandalen herum. Bekleidungsmäßig hinke ich dem Kalender geschätzte drei Monate hinterher. Ich habe versucht, das Problem durch Warnmeldungen in meinem Kalender und ein digitales Außenthermometer in den Griff zu bekommen – es ist hoffnungslos.

Bei Kinderklamotten ist es nicht anders: Ich kriege es einfach nicht hin. Andere Männer anscheinend auch nicht. Ich habe vierzehn Väter mit Kindern im Vorschulalter in meinem Bekanntenkreis, und ich habe nachgefragt: Kein einziger dieser Männer ist zu Hause für die Kleidung zuständig oder könnte spontan sagen, wo im Kleiderschrank die langärmligen T-Shirts liegen. Meine Schwägerin erzählte mir, dass mein Bruder seine beiden Jungs einmal im Schlafanzug in die Kita gebracht hätte. Sie lachte sich halbtot bei dieser Anekdote. Ich lachte höflich mit und zog mich danach ins Kinderzimmer zurück, um auf eigene Faust den Unterschied zwischen einem Schlafanzug und einem Strampler herauszufinden. Es gelang mir nicht.

Insofern wollte mich meine Schwägerin vielleicht nur testen, als sie mich bei meinem letzten Besuch bat, ihren Ältesten, meinen lieben Neffen Paul, morgens in die Kita zu bringen. Beziehungsweise in die Nursery School, denn mein Bruder lebt mit seiner Familie auf Malta, und dort heißt die Kita »Nursery School«, obwohl dort gar keine Krankenschwestern ausgebildet werden.

Während die geplagten Doppeleltern also noch selig schliefen, weckte ich meinen Neffen, zog ihn an und versuchte vergeblich, ihn von der Sinnhaftigkeit eines

Frühstücks zu überzeugen. Nachdem ich Paul schließlich ungefrühstückt in den Autositz verfrachtet hatte, guckte er lange und intensiv an sich herunter und sagte dann traurig: »I look like shit!« »Paul, ›shit‹ sagt man nicht«, erwiderte ich pädagogisch korrekt, »und außerdem siehst du nicht scheiße aus, wie kommst du darauf?« Er guckte weiterhin betrübt an sich herunter. Dann fiel es mir auch auf: Seine Schuhe passten nicht zu den Socken, die Socken nicht zur Hose, die Hose nicht zum Pullover – und die Jacke passte zu gar nichts.

Man soll ja ehrlich sein zu Kindern, die werden sonst ganz verschroben in ihrer Wahrnehmung oder pathologische Lügner. Also sagte ich: »Du hast recht, Paul, du siehst wirklich scheiße aus!« Das mit der Ehrlichkeit schien zu wirken, denn Pauls Miene heiterte sich sofort auf, und er rief fröhlich: »Ich seh' scheiße aus, ich seh' scheiße aus!« Als wir in der Kita ankamen, rief mein kleiner Neffe noch immer: »Ich seh' scheiße aus, ich seh' scheiße aus. Look, Fiona, look, Heather, ich seh' scheiße aus!« Ich war sehr froh, dass Paul nicht in eine Kita geht, sondern in eine Nursery School, in der keiner des Deutschen mächtig ist.

Ich habe aber auch einen der schönsten Momente meines Lebens in der Gesellschaft von Kinderklamotten verbracht. Es war im achten oder neunten Monat von Katharinas Schwangerschaft. Wir hatten gerade ein ganzes Sortiment an Babybekleidung von meinem Bruder bekommen und erst mal in die Wäsche gesteckt. Nicht, dass mein Bruder uns die Sachen ungewaschen gegeben hätte, natürlich nicht, aber … Nun, wie soll ich das erklären, wir waren da irgendwie eigen. Wenn Sie selbst einmal ein erstes Kind bekommen haben, wissen Sie, was ich meine.

Auf jeden Fall hängte ich nach dem Waschen die ganzen Strampler, Bodys, Mützen, Schlafsäcke, T-Shirts und Schlafanzüge zum Trocknen auf. Es war eine Arbeit, die einiges an Konzentration erforderte, denn diese Miniaturausführungen rutschten immer wieder von der Leine herunter. Vermutlich war das der Grund, warum ich der Wäsche mehr Aufmerksamkeit schenkte als sonst beim Wäscheaufhängen. Und als ich so einen Mini-Body näher betrachtete, durchströmte mich plötzlich und zum allerersten Mal eine Mischung aus verschiedensten Gefühlen.

Im Nachhinein würde ich sie einfach als »Vatergefühle« bezeichnen: die Aufregung, der Stolz, die Angst, die Liebe, der Beschützerinstinkt und die Vorfreude auf die baldige Füllung dieser Miniklamotten. Ich hatte, um es mit Hermann van Veen zu sagen, ein »zärtliches Gefühl«. Wie noch nie zuvor in meinem Leben. Wie ich es vermutlich nie wieder haben werde – jedenfalls nicht so überraschend, aus heiterem Himmel. Denn auch wenn ich meine Kinder Nummer Zwei bis Acht sicherlich genauso lieben werde, so wird es doch nie mehr so unvermittelt passieren. Es wird nie mehr zum ersten Mal geschehen. Es wird nie mehr so überwältigend sein.

Nach Toms Geburt habe ich mich freiwillig zum Wäschedienst gemeldet. Fast jeden Tag hänge ich nun kleine Bodys und T-Shirts zum Trocknen auf, aber es ist einfach nicht mehr dasselbe. Es muss schon viel Liebe und Glück her, um diesen Verlust auszugleichen.

»Väter, ran an das Baby!«

VOR EINIGEN WOCHEN war ich mit Tom im Bus unterwegs, als der Mann neben uns begann, genüsslich eine Banane zu essen. Tom, der zwischen den Phänomenen »Hunger« und »Appetit« noch nicht unterscheiden kann, zeigte ungeniert auf den Mann und sagte: »Hamm!« Da wir nur noch 60 Sekunden von unserer Zielhaltestelle entfernt waren, entschied ich mich dagegen, in meiner Tasche nach den Dinkelstangen zu wühlen, die ich für diese Notfälle immer dabei habe. Stattdessen sagte ich: »Gleich, Tom, gleich!«

Ich bezweifele, dass Tom die exakte Bedeutung des Wortes »gleich« bereits geläufig war. Ganz offensichtlich aber verstand er, dass »gleich« nichts Gutes, sprich: keine Dinkelstange, bedeutete. Also begann er zu schreien. Ich stand mit Tom auf dem Arm auf und ging in Richtung Tür, was ihn nachvollziehbarerweise nicht sofort beruhigte. In diesem Moment erhob sich eine etwa 65-jährige Dame von ihrem Sitz, kam direkt auf uns zu marschiert und fragte: »Soll *ich* ihn mal trösten?« Da ich die Dame anscheinend nur mit offenem Mund anstarrte, sagte sie erneut, nun mit etwas mehr Nachdruck: »Geben Sie mal her, ich mach' das schon!« Dabei streckte sie auffordernd ihre Arme aus. Tom wendete abrupt den Kopf ab und trat mit beiden Beinen nach ihr. Ich musste an eine Semesterarbeit denken, die ich im Studium geschrieben habe: »Die Bedeutung des Außenfeindes für die Verdrängung innerfamiliärer Konflikte«. Wir verpassten unsere Haltestelle.

Nicht viel besser als diese hinter Hilfsbereitschaft versteckte Väter-Missachtung ist jene Form von Herablassung, die sich als Lob tarnt. Wenn man etwa 20 Jahre alt ist und dafür gefeiert wird, dass man sich unfallfrei die Schuhe zubinden kann, dann sollte einen das sehr, sehr nachdenklich machen. »Paradoxe Wirkung von Lob« nennt sich dieser Effekt. Ich erlebte ihn vergangene Woche, als ich zusammen mit meinem Sohn eine Freundin besuchte, die eine Tochter in Toms Alter hat. Ebenfalls zu Besuch war die eigentlich recht patent und aufgeschlossen wirkende Mutter meiner Freundin. Wir tranken Kaffee, aßen Kirschkuchen, unterhielten uns, es war sehr nett.

In den gut 90 Minuten meines Besuchs habe ich Tom einmal gewickelt, ihn mit ein paar Bio-Apfelstücken und – illegalerweise – einem kleinen Stück Kirschkuchen gefüttert sowie fünf- bis sechsmal Hinter-einem-Kissen-Verstecken-und-»Wo-ist-Papa?«-Rufen gespielt. Das war's. Ansonsten hat Tom alle verfügbaren Spielsachen im ganzen Zimmer verteilt und die etwas plumpen Annäherungsversuche der kleinen Helena, die mehrmals über ihn hinwegkrabbelte, stoisch ausgesessen.

Beim Abschied drückte mir Helenas Oma lange die Hand, schaute mir tief in die Augen und sagte: »Mit dem Jungen können Sie aber gut …« Ich schaute sie ebenfalls an und wartete, da ich den Satz für unvollendet hielt: *Was kann ich mit dem Jungen gut? Spaß haben? Mich sehen lassen? Spielen? Andere Leute besuchen, weil er so ein pflegeleichter kleiner Bursche ist?*

So standen wir also da, die ältere Dame und ich, händchenhaltend im Hausflur und warteten. Schließlich wurde es ihr wohl unbehaglich und sie setzte erneut an: »Also, wie gesagt, Sie können wirklich gut mit dem Jungen! Wenn ich da an meinen Mann denke, wie der mit unseren Kindern umging …« Dass ein Mann ein Kleinkind tröstet, füttert und wickelt, scheint also noch immer etwas Exotisches zu sein – selbst wenn das Kind sein eigenes ist.

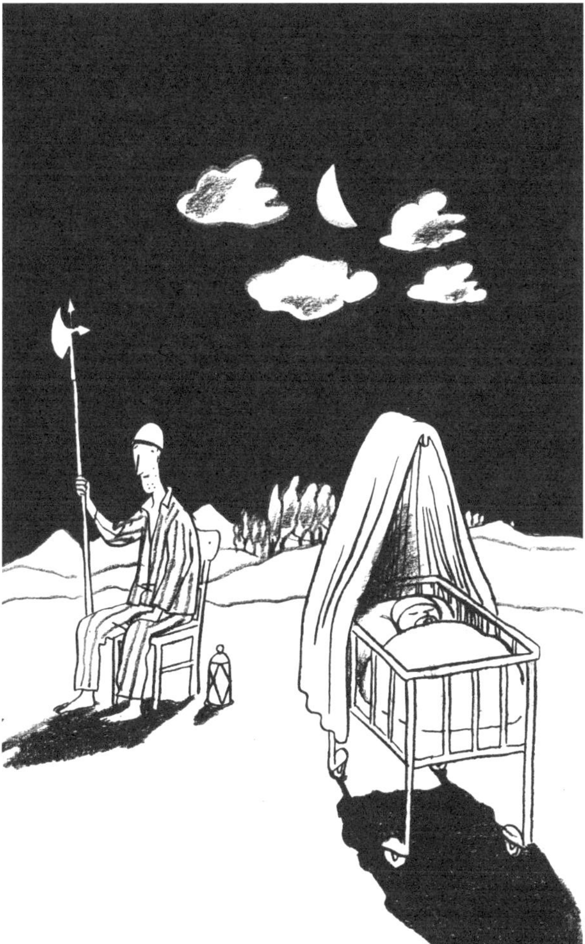

Für manche Menschen ist es sogar eine Besonderheit, wenn ein Vater *überhaupt* in irgendeiner Form Kontakt zu seinem Baby aufnimmt. Zum Beispiel für die Verfasser der Broschüre *Das wunderbare erste Jahr. Alles was Eltern wissen müssen* eines großen deutschen Babynahrungsherstellers. In diesem Heft ist unter der Überschrift »Väter, ran an das Baby!« Folgendes zu lesen:

»Es ist besonders wichtig, dass Sie dem Vater einen Zugang zu Ihrem gemeinsamen Kind ermöglichen. (Anmerkung des Autors: Hier ist wohlgemerkt *nicht* von Scheidungsfamilien die Rede!) Auch der Vater soll möglichst früh eine Beziehung zu seinem Sprössling aufbauen. Dazu ist es besonders hilfreich, wenn er Aufgaben wie das Wickeln oder Baden des Babys, aber auch einmal die ›Nachtwache‹ übernimmt. Unterschätzen Sie Ihren Partner nicht! Der Vater hat ganz wichtige Qualitäten, die für das Baby wertvoll und unschätzbar sind. Dieses ›Andere‹ ist ebenfalls wichtig für das Kind! Lassen Sie ihn daher mit seinem Kind für ein bis zwei Stunden allein – er wird danach besser mit dem Baby zurechtkommen und nicht immer auf Ihre Mithilfe angewiesen sein.«

Diese Ausführungen stehen ganz am Ende des Kapitels »Erste bis sechste Woche«, auf Seite 44. Ich als Vater war demnach zuvor gar nicht gemeint gewesen. Ich habe mich 43 Seiten lang völlig umsonst mit Themen wie Wickeln, Schlafgewohnheiten und Babypflege beschäftigt. Die ersten fünfeinhalb Wochen sollen Väter also mit dem Baby gar nichts zu tun haben! Ich frage mich, was Ursula von der Leyen dazu sagen würde …

Was ich übrigens vermisst habe, ist ein Kapitel über das ja auch nicht ganz unwichtige Thema »Gut absichern: Behördenkram, Geldanlagen und Versicherungen für die Kleinfamilie«. Daher schlage ich vor, die Broschüre um den folgenden Abschnitt zu ergänzen:

Mütter, ran an die Aktenordner!

Es ist besonders wichtig, dass Sie der Mutter einen Zugang zu Ihrem gemeinsamen Konto ermöglichen. Auch die Mutter soll möglichst früh eine Beziehung zu Ihrem Bankberater, Ihrem Versicherungsmakler und der Elterngeldkasse aufbauen. Dazu ist es besonders hilfreich, wenn sie Aufgaben wie das Abheften von Kontoauszügen oder den Vergleich verschiedener Versicherungsanbieter, aber auch einmal das Ausfüllen der Anlage ›Kind‹ bei der Steuererklärung übernimmt. Unterschätzen Sie Ihre Partnerin nicht! Die Mutter hat ganz wichtige Qualitäten, die für die finanzielle Absicherung der Familie wertvoll und unschätzbar sind. Lassen Sie sie daher mit den Aktenordnern mal für ein bis zwei Stunden allein – sie wird danach besser mit dem Onlinebanking umgehen können und nicht immer auf Ihre Mithilfe angewiesen sein.

Vaterglück Zwei

EIN KIND ZU BEKOMMEN, ist bekanntlich die schönste Sache der Welt. »Junges Elternglück« sagt man daher bei einem Paar, das sich gerade an Wochenbettdepressionen, Schlafentzug, Gebärmutterrückbildung und vollkommener Überforderung erfreut. Doch der Begriff »Elternglück« an sich ist schon dubios: Die meisten jungen und vor allem älteren Neu-Eltern können bestätigen, dass das Elternwerden nicht primär mit Glück zu tun hatte. Denn nicht nur im Fußball gilt: Das Glück muss man sich erarbeiten.

Genau genommen sagt man das mit dem Glück vor allem über Mütter: Vom »jungen Mutterglück« ist häufig die Rede, und jede Frau, die schon einmal eine Geburt er- und überlebt hat, weiß genau, welche Art von »Glück« gemeint ist! Über das Vaterglück wird weniger gesprochen, obwohl es ebenso klar zu fassen ist: Es besteht im Wesentlichen darin, dass man während der Geburt nicht die Mutter war.

In den meisten Fällen haben also – glücklicherweise – beide Elternteile bei der Geburt ordentlich Glück gehabt. Doch nun erwartet sie eine weitaus schwierigere Aufgabe: Sie sollen das Glück behalten. Schließlich ist die Phase frischgebackener Elternschaft die schönste Zeit im Leben. Basta!

Ich persönlich habe jedoch mit dem Glück so meine Schwierigkeiten. Was genau ist Glück? Ich kriege das nur schwer zu fassen. Im Philosophieunterricht musste ich einmal eine Klausur schreiben zu eben dieser Frage: »Was ist Glück?« Nach drei Schulstunden war mein Blatt noch blütenweiß. Fünf Minuten vor Abgabe der Klausur zitierte ich schnell Sokrates: »Heirate! Bekommst du eine gute Frau, wirst du sehr glücklich werden; bekommst du eine schlechte, wirst du Philosoph werden.« Ich ergänzte noch: »Oder Philosophielehrer!«, was wohl keine besonders glückliche Aktion war: Sie brachte mir eine Sechs und einen blauen Brief ein.

Was Liebe ist, das ist klar. Ich habe die beste Frau vom Siegfriedplatz, den besten Sohn sowieso, die besten Freunde, die beste Familie. Alle liebe ich sehr, mehr sogar als meinen handsignierten »Meat is Murder«-Original-Japan-Import von den Smiths. Aber was ist Glück? Da bleibt mein Blatt immer noch weiß.

Nun haben sich nicht nur Sokrates, sondern auch andere große Geister daran versucht, Glück zu definieren. Ich finde die meisten dieser Definitionen entweder langweilig (»Glück ist die Abwesenheit von Schmerz«, Epikur), gelogen (»Happiness is easy«, Talk Talk) oder schwer verständlich (»Happiness is a warm gun«, The Beatles). Auch der ehemalige Fußballprofi Jürgen Wegmann trägt mit seinem Ausspruch: »Erst hatten wir kein Glück und dann kam auch noch Pech dazu« nicht wesentlich zur Problemklärung bei.

Vielleicht verstehe ich viele dieser Definitionen deshalb nicht, weil ich das Gefühl des Glücklichseins zu wenig kenne – zumindest nicht über einen längeren Zeitraum. Daher gehört für mich wesentlich zum Glück, dass es plötzlich und unerwartet kommt, dass es sich abhebt vom alltäglichen Lauf der Dinge. Kontinuierlicher Erfolg etwa ist gut fürs eigene Selbstwertgefühl, wirklich glücklich macht aber nur der unerwartete Erfolg. Und der monatliche Gehaltsscheck vermittelt vielleicht ein wohliges Gefühl der Sicherheit, den Glückskick aber gibt einem eher die unverhoffte Gehaltserhöhung.

Mit der Frage »Bist du glücklich?« kann ich daher in

der Regel wenig anfangen, denn sie zielt ja meist auf einen längeren Zeitraum ab. Ich kenne eher Glücksmomente – ausgelöst vielleicht durch eine kurze Begegnung. Diese bleiben aber irgendwie privat und sind vermutlich für andere nicht wirklich nachvollziehbar, wenn ich versuche, sie zu beschreiben.

Ich probiere es trotzdem: Es ist ein Sonntagmorgen. Zu Hause ist es etwas stressig: Katharina ist krank und daher keine Hilfe bei Haushalt und Kindbetreuung, der IKEA-Schrank *Effektiv* muss noch aufgebaut werden und die Steuererklärung ist auch schon lange überfällig. Tom ist erkältet und nölig, er muss dringend mal an die frische Luft, und natürlich regnet es in Strömen. Ich habe meinen ersten Morgenkaffee noch nicht bekommen, schlimmer noch: Ich habe ihn umgekippt, weil ich Tom auffangen wollte, der hintenübergefallen ist. Natürlich habe ich weder ihn noch meinen Kaffee retten können: heulendes Kind, ruinierter Teppich.

Schließlich gehen wir raus. Das Regencape für den Kinderwagen reißt beim Überziehen. Ich flicke es notdürftig, während Tom ungeduldig daran herumzerrt. Als wir die Haustür verlassen, sehe ich, dass es aufgehört hat zu regnen. Tom sitzt kerzengerade in seinem Wagen – das tut er seit ein paar Tagen, damit er sich umdrehen kann, nach vorbeilaufenden Tieren oder älteren Damen mit Rollator. Ich gucke noch einmal nach oben zum Himmel: Die Wolkendecke ist aufgerissen und die ersten Sonnenstrahlen kommen hindurch. Als ich wieder nach unten schaue, sehe ich, dass Tom sich nach mir umgedreht hat und mich freudig anstrahlt.

Menschen mit einer gefestigten Beziehung zum Glück könnten dies jetzt so stehen lassen. Das sage ich auch immer meinen Klienten, wenn eine anrührende Situation entstanden ist und sie ganz schnell weiterreden oder gar das Thema wechseln. Ich sage dann: »Lassen Sie es doch einfach mal so stehen!« Was das Gefühl von Glück betrifft, bin ich noch nicht so weit – aber ich verspreche Ihnen: Ich arbeite daran.

Mein Sohn ist retardiert

Als Tom noch keine fünf Monate alt war, schenkte meine Schwiegermutter ihm eine Rassel. Tom griff freudig erregt danach, so wie er zu jener Zeit nach allem griff, was man ihm hinhielt, und schüttelte sie mit Begeisterung. Er gluckste und lachte und schüttelte die Rassel eine geschlagene Viertelstunde lang halbwegs rhythmisch hin und her. Meine Schwiegermutter schaute ihn die ganze Zeit versonnen an, um dann voller Ernst zu sagen: »Absolut musisch, der Junge, absolut musisch!« Und nach einer kurzen Pause: »Seht nur, mit welcher *Hingabe* er rasselt!« Ich sagte ihr lieber nicht, dass Tom am Vormittag etwa zwei Stunden lang völlig vertieft mit einer Klopapierrolle gespielt hatte.

Es gibt ein universelles Naturgesetz, welches noch in Jahrmillionen gelten wird, lange nachdem die Erde aufgehört hat, um die Sonne zu kreisen. Dieses Naturgesetz lautet: Wenn jemand, der dem eigenen Genpool entspringt, 15 Minuten lang nervtötend rasselt, dann ist das Musikalität. Ohne Wenn und Aber. Bei fremden Kindern ist das gleiche Verhalten bestenfalls anstrengend, eventuell wird man sogar einen Hang zum Autismus diagnostizieren.

Eltern sind eben nicht objektiv, was ihren Nachwuchs anbelangt, und Großeltern schon gar nicht. Das kann man ihnen nicht wirklich verübeln, wenn man bedenkt, was sie alles durchgemacht haben, um eben diesen Nachwuchs zu produzieren. Die Mütter haben sich monatelang mit den Symptomen einer Bulimie sowie einer Borderline-Störung herumgeschlagen. Sie haben etliche Male ertragen müssen, dass ihnen am Bauch herumgefummelt wird – und zwar nicht nur von Leuten, die dafür qualifiziert sind. Sie haben Rückenschmerzen,

Wassereinlagerungen in den Beinen und Gewichtszunahme weitestgehend klaglos hingenommen.

Die Väter wiederum waren monatelang den Launen der derart geplagten Frauen und, schlimmer noch, ihren Vornamenswünschen schutzlos ausgeliefert. Ganz zu schweigen von den Ratschlägen der Hebammen und Geburtsvorbereitungsbücher.

Die Großeltern schließlich haben nicht nur all dies überlebt und anschließend den Kindern ihre besten Jahre geopfert. Sie mussten außerdem noch mit ansehen, wie eben diese Kinder *ihre* besten Jahre in vollen Zügen genossen, bevor sie sich mit Mitte, Ende 30 endlich erbarmten, ihren bereits halbgreisen Eltern ein Enkelkind zu schenken. Großeltern haben daher ein besonderes Anrecht darauf, ihre Enkelkinder vollkommen realitätsfern einzuschätzen.

Aber die fehlende Objektivität von Eltern – oder eben Großeltern – ist auch nicht das Problem. Das Problem ist, dass Eltern *glauben*, sie wären objektiv. Etwa in der Beurteilung der Fähigkeiten und Entwicklungsschritte ihrer Kinder. Es gibt eine sowohl mathematisch als auch psychologisch hochinteressante Studie: Sie besagt, dass 95 Prozent der Männer davon überzeugt sind, überdurchschnittlich gute Autofahrer zu sein. Nun, ich habe es noch nicht abschließend untersucht, aber nach einer ersten privaten Einschätzung sind 95 Prozent aller Eltern davon überzeugt, dass ihr Kind hochbegabt ist. (Tatsächlich sind etwa 2,5 Prozent der Menschheit hochbegabt.)

Genau genommen muss ich diese Beobachtung noch etwas differenzieren: In Wahrheit sind es bei den Frauen exakt 100 Prozent, die ihrem eigen Fleisch und Blut quasi übernatürliche Fähigkeiten zuschreiben, während es bei den Männern lediglich 90 Prozent Hochbegabten-

Väter gibt – was möglicherweise damit zusammenhängt, dass sich 10 Prozent der Väter nicht genügend mit dem Nachwuchs beschäftigen, um dessen Hochbegabung zu erkennen.

Dabei sind die Fähigkeiten der Kinder doch so offensichtlich – zumindest in meinem Bekanntenkreis: vier Monate alte Babys, die bereits krabbeln, dreizehn Monate alte Kinder, die bis Zehn zählen, Zweijährige, die Fahrrad fahren (natürlich ohne Stützräder), und Vierjährige, die ihren Eltern im Café die Speisekarte vorlesen. Wenn ich mir mein persönliches Umfeld so anschaue, dann ist mir um den Bildungsstandort Deutschland nicht bange. Da wächst eine Generation junger Genies heran, die uns in den kommenden Jahren bei allen PISA-Studien an die Weltspitze katapultieren wird. Unser Ruf als Land der Dichter und Denker wird endlich wieder reingewaschen!

Seien Sie daher sehr vorsichtig, wenn sie für die Sprösslinge Ihrer Freunde und Bekannten Geschenke auswählen! Wenn Sie einem Kind zu seinem zweiten Geburtstag ein Spielzeug schenken, welches laut Packungsbeschreibung »ab zwei Jahre« geeignet ist, könnte es gut sein, dass Sie von den Kindseltern zum dritten Geburtstag nicht mehr eingeladen werden. Die Beleidigung, dass Sie das Kind offensichtlich als »normal« oder »altersgemäß« eingestuft haben, dürfte Ihnen so schnell nicht verziehen werden.

Eine Frau, die mir aus dem Geburtsvorbereitungskurs glücklicherweise nur flüchtig bekannt ist, behauptet steif und fest, dass ihr Sohn Ernst-Maximilian nicht nur alles versteht, was sie sagt, sondern auch auf Fragen in klar verständlichen Drei-Wort-Sätzen antwortet. Außerdem habe Ernst-Maximilian die Angewohnheit, vor dem Schlafengehen stets ein Puzzle zu vervollständigen, ein

Puzzle, das seine Mutter eigentlich ihrem vierjährigen Neffen hatte schenken wollen, das sich aber Ernst-Maximilian sofort gesichert habe. Ernst-Maximilian wird nächste Woche ein Jahr alt.

Natürlich stellt niemand die Ausführungen dieser jungen Mutter infrage. Im Gegenteil, alle Zuhörenden nicken stets beflissen – schließlich haben sie alle hochbegabte Kinder, und da sind solche Berichte für sie nicht außergewöhnlich. Sie nicken alle, um dann ihre eigenen Hochbegabten-Geschichten zum Besten zu geben.

Am schlimmsten ist, wenn die Hochbegabten-Mütter so tun, als würde ihnen der offensichtliche Genius ihrer Kinder große Sorgen bereiten. Wenn sie Sätze sagen wie: »Hoffentlich schadet es Maja später nicht, dass sie schon so früh mit dem Laufen begonnen hat!« Oder: »Es wird für Leonie sicher schwer werden, in der Kita Freundinnen zu finden.« Wobei dann der unausgesprochene Nachsatz in der Luft hängt: »Freundinnen, die an ihr intellektuelles Niveau heranreichen.« Oder gar: »Ich hoffe nur, dem armen Pavel geht nicht seine ganze Kindheit verloren!« Nachsatz: »Wo er doch den ganzen Tag nur an seinem Schreibtisch sitzt, um komplexe mathematische Beweise herzuleiten.«

Wie sehr mich diese ganzen Hochbegabten-Geschichten emotional mitnehmen, habe ich erst vor einigen Wochen so richtig bemerkt: Ich war zu Besuch bei meiner alten Schulfreundin Charlotte, die im achten Monat schwanger ist und im vierten Stock wohnt. Während ich zu ihrer Wohnung hinaufstieg, hatte ich angesichts der acht ziemlich steilen Treppen zunächst großes Mitgefühl mit ihr. Dann wurde ich aber plötzlich von dem Gedanken erfasst, dass Charlotte aufgrund dieser Treppen-Plackerei vermutlich ein besonders hochbegabtes

GRUNDLAGEN
DER
TEILCHEN-
PHYSIK
BAND IV
Harry Potter
DER WILLE ZUM WISSEN
PUZZLE
2000 TEILE
MOTIV:
WOLKENLOSER
SUDOKU
Chopin
Walses
Goethe

Kind bekommen würde. Ich konnte während des gesamten koffeinfreien Kaffeetrinkens niemals ganz die Furcht abschütteln, Charlotte könnte jeden Moment anfangen, von den besonderen pränatalen Fähigkeiten ihres ungeborenen Kindes zu berichten. Etwa, dass es – oder er oder sie – bereits grundlegende Bedürfnisse kommuniziert, vielleicht durch ruckartiges Ziehen an der Nabelschnur: zweimal für den Wunsch nach Bewegung, dreimal für Ruhe.

Bevor ich nun vollends paranoid werde, habe ich beschlossen, mich zu wehren. Mein Plan ist ebenso nahe liegend wie wirkungsvoll und besteht aus nur einem einzigen Satz: »Mein Sohn ist retardiert!« Diesen Satz benutze ich nun bereits seit drei oder vier Wochen, wann immer ich auf meinen Kinderwagentouren einer Geburtsvorbereitungskurs-, Babyschwimmgruppen- oder sonstigen Hochbegabten-Mutter begegne. Ich dränge ihr den Satz nicht auf, nein, ich höre mir brav ihre Hochbegabten-Geschichten an, murmele Begeisterung und Bewunderung und warte ab, bis sie mich nach meinem Sohn fragt. Dann kommt mein Satz: »Tja, Tom ist leider retardiert.« Ich lege Betroffenheit in die Stimme, was mir als Psychotherapeut natürlich nicht schwerfällt, und gucke mitleidig in den Kinderwagen.

An dieser Stelle stockt die Hochbegabten-Mutter in der Regel für einige Sekunden, sodass wir schweigend den schlafenden Tom betrachten. Schließlich fragt sie stammelnd nach einer Krankheit oder einem Geburtsfehler. Ich verneine höflich: »Nein, nein, gesundheitlich alles in Ordnung, er ist nur retardiert, zurückgeblieben halt!« Dann genieße ich die kurze Stille, bevor die Nachfragen kommen: »Kann er denn schon krabbeln?« Ich schüttele traurig den Kopf. »Oder setzt er sich alleine hin?« »Oh, nein, nein, können Kinder das in dem Alter denn schon?« Die Mutter murmelt dann noch irgendetwas, bevor sie plötzlich eiligst weiter muss. In meinem Rücken aber spüre ich, wie sie mir betroffen nachguckt, mir und meinem selig schlafenden retardierten Sohn.

.

Emotionale Grausamkeiten

Ich habe schon viel Fieses, wenn nicht gar Grausames in meinem Leben getan. Zum Beispiel habe ich als vierzehn Monate altes Kind meinen drei Jahre älteren Bruder vom Gitter eines Laufstalls geschubst. Er zog sich eine komplizierte Oberarmfraktur zu, die ihm bei Wetterumschwüngen bis heute zu schaffen macht – insbesondere in der kalten Jahreszeit. Mein Bruder, der Skandinavienfan und mit einer Norwegerin verheiratet ist, musste daher nach Malta auswandern, weil dort das Klima milder ist. Er versucht, mich seinen Groll nicht spüren zu lassen, aber ich bin nun mal Psychotherapeut, ich merke so etwas.

Im Alter von sieben Jahren habe ich dann angefangen, regelmäßig meine Eltern zu beklauen – sie hatten beide die Angewohnheit, ihr Geld lose in der Hosentasche zu tragen, was es mir verhältnismäßig leicht machte.

Ich könnte diese Liste bis in die jüngste Vergangenheit fortsetzen, ohne dass es mir auch nur einen Hauch von Schamesröte ins Gesicht treiben würde. Nicht dass ich kein Gewissen hätte, im Gegenteil: Ich bin Mitglied in vier verschiedenen Hilfsorganisationen, nur um mein Karma so weit aufzupolieren, dass ich zumindest als Wühlmaus wiedergeboren werde. Nein, dass ich diese Verfehlungen, ohne mit der Wimper zu zucken, erzählen kann, liegt schlichtweg daran, dass ich jetzt Vater bin. Denn das, was ich eben gebeichtet habe und was ich noch alles aufzählen könnte, ist absolut nichts im Vergleich zu den Gemeinheiten, die ich tagtäglich meinem Sohn antue.

Das fängt ja schon mit diesen ganzen Lügen an, die ich Tom auftische:

> »Ich komm' ja schon!« (Wenn ich gerade auf dem Klo sitze.)

Oder:

> »Jetzt möchtest du sicher schlafen gehen!« (Wenn der Junge gerade schön spielt, eine Viertelstunde später aber Fußball im Fernsehen kommt.)

Oder meine Lieblingslüge:

> »Nein, Tom, das ist nichts für Kinder!« (Wenn es tatsächlich »nichts für Kinder« wäre, warum ist er dann so begeistert, wenn er es in die Finger bekommt?)

Und dann diese fiesen Tricks: Sobald Tom etwas haben möchte, was er nicht haben soll (also quasi immer, sofern er nicht gerade schläft), kriegt er von seinen Eltern ein pädagogisch korrektes »Nein« zu hören, eine Grenze gesetzt. Schließlich soll er ja lernen, »Neins« hinzunehmen und zu akzeptieren. Damit kann man nicht früh genug anfangen, selbst wenn der Junge die Bedeutung des Wortes »Nein« noch gar nicht versteht.

»Frustrationstoleranz« heißt der entsprechende Fachbegriff. Selbstverständlich erklären wir Tom diese klare Grenze ausführlich, was spätestens dann zu Tränen führt. In dieser Situation müsste ich als psychotherapeutisch geschulter Elternteil das Gefühl des Kindes ernst nehmen und einfühlsam benennen, es »validieren«, was wie folgt aussehen könnte: »Nun bist du, mein lieber Tom, traurig, dass du mein Handy nicht haben darfst, und vermutlich auch etwas ärgerlich, und du fühlst dich sicherlich sehr hilflos!« So wäre es richtig. So könnte der Junge den Zugang zu seinen eigenen Gefühlen bewahren. So könnte er ein reifer und frustrationstoleranter und gefühlsvalidierter Erwachsener werden, der ein glückliches Leben führt und in der Lage ist, die Gefühle seiner eigenen Kinder zu validieren.

Was aber mache ich? Ich zeige blitzschnell auf irgendein Spielzeug, das auf dem Boden herumliegt, und rufe laut: »Da!« Tom schaut natürlich sofort hin, er kann nicht anders, sein Gehirn ist so verschaltet – oder eben noch nicht so richtig verschaltet. Er krabbelt also zu dem Spielzeug, ich lasse mein Handy in der Hosentasche verschwinden, und wir spielen schön mit dem tollen neuen Spielzeug, bis sich die gleiche Szene fünf Minuten später wiederholt: mit meinem Laptop, meinem Kopfhörerkabel oder Katharinas Taschenmesser.

Nicht viel anders ist es beim Essen. Selbstverständlich darf der Junge keinen Zucker essen und nicht zu viele Fette und eigentlich gar nichts, was so richtig Spaß macht. Natürlich alles zu seinem Besten. Wenn Katharina und ich also zum Kaffee ein herrliches Stück Sachertorte essen, während Tom an seiner Bio-Dinkelstange oder einer rohen Karotte mümmelt, begegnen wir seinen unmissverständlichen Blicken und Gesten in Richtung Sachertorte stets mit einem überzeugenden »Pfui bah!« und verziehen angewidert das Gesicht. Dann zeigen wir auf seine Dinkelstange und sagen: »Hmmm, lecker!« Sollte der Junge noch im Grundschulalter Sand und Erde verspeisen oder mit Hingabe an Klobürsten nuckeln, dürfen wir uns nicht wundern.

Nun ist es so, dass Tom trotz seiner ernährungswissenschaftlich korrekten Gurke-Karotte-Kohlrabi-Haferschleim-Diät für sein Leben gerne isst. Genauer gesagt: Er ist ziemlich verfressen. Daher ist es mir besonders unangenehm zuzugeben, wie wir ihm das Krabbeln beigebracht haben. Aber er war auch wirklich spät dran mit dem Krabbeln. Die gleichaltrige Helena krabbelte schon seit Monaten über ihn hinweg, was er mit großer Ruhe ertrug und mit einer gewissen Neugierde betrachtete. Seinen Ehrgeiz weckte es in keinster Weise. Er lag oder saß stets in der Mitte des Raumes, man könnte auch sagen: Er thronte dort und beobachtete das muntere Treiben um sich herum mit heiterer Gelassenheit.

Der um Hilfe angerufene Arzt legte eine ähnliche Gelassenheit an den Tag. Er kannte Statistiken, die besagen, dass manche Kinder überhaupt nie krabbeln, sondern plötzlich aufspringen und laufen. Ich erwiderte, dass ich auch davon gehört hätte, dass vor 2000 Jahren mal jemand übers Wasser gelaufen wäre – der Normalfall wäre aber doch wohl eher die Fährüberfahrt. Der Arzt überhörte den spitzen Unterton und nahm das Thema »Ausnahmeerscheinung« dankbar auf, um uns von seiner Tochter zu erzählen, die erst mit dreizehn Monaten krabbeln konnte, später aber zwei Schulklassen übersprang. Ich sagte: »Ich mache mir ja auch keine Sorgen um Ihre Tochter, sondern um meinen Sohn!«, woraufhin mich Katharina zärtlich aus dem Sprechzimmer zog. Der Arzt winkte uns fröhlich hinterher.

Wir waren also mit dem Problem allein. Und verzweifelt. Deswegen, und ich betone: nur deswegen, haben wir die Karottenstücke fallen gelassen. Wir warteten bis kurz vor der Mittagessenszeit, auf den Zustand größtmöglichen Hungers. Dann ging die beste Mutter vom Siegfriedplatz mit ein paar Karottenstücken ins Wohnzimmer, wo Tom sich gerade meditativ eine Stoffkuh von einer Hand zur anderen reichte und dabei sein »Buh, buh!« rief. Wie zufällig ließ Katharina die Karottenstücke in zwei Metern Entfernung von Tom fallen und entfernte sich auf der geplanten Fluchtroute.

Er hat wirklich nicht lange geschrien. Wahrscheinlich wäre es nicht einmal nötig gewesen, Katharina im Schlafzimmer einzuschließen und ihr per Kopfhörer Entspannungsmusik einzuflößen. Und der Erfolg war sagenhaft: Schon am selben Abend schaffte Tom die ganze Strecke vom Bücherregal bis zum Sofa, zu dessen Füßen sich einige gedünstete Apfelstücke verirrt hatten.

Auch zu der Gemeinheit mit dem Kuscheltier wurden wir quasi gezwungen. Es ist nicht unsere Schuld, dass der Spielwarengroßhändler *Teddy Toys* seine Produktpalette ständig erneuert. Schon gar nicht nachvollziehbar ist, dass sie den kleinen Stoffelefanten, den Tom so heiß und innig liebt, aus dem Programm genommen haben. Und wir brauchten nun mal einen zweiten Elefanten, nachdem Tom Elefant Nummer Eins langsam zu Tode gekuschelt hatte. Es gab also keinen anderen Weg: Nach einer längeren Shoppingtour durch halb Nordrhein-Westfalen kauften wir schließlich den modellähnlichsten Elefanten, den wir finden konnten.

Am Abend schoben wir ihn Tom heimlich unter. Nun, was soll ich sagen? Es war spät, es war dunkel, Tom war müde – es hat funktioniert. Am nächsten Morgen hat er den Elefanten zwar etwas merkwürdig angesehen und wollte ihn auch zunächst nicht küssen, was er sonst nach dem Aufwachen als Erstes tut. Aber dann hat er ihn doch voll und ganz angenommen. Ich hoffe nur, dass Toms Bindungsfähigkeit unter dieser Aktion nicht gelitten hat und er als Erwachsener nicht mit jeder anderen Frau, die seiner Freundin halbwegs ähnlich sieht …

Aber eigentlich sind wir auch quitt, Tom und ich. Wie viele Nächte habe ich schon unter seinem leichten Schlaf leiden müssen! Und das mir, der ich doch so schnell nicht wieder einschlafen kann, wenn endlich Ruhe ist. Aber gut, es hilft ja nichts, so einem kleinen Wurm die Schuld zuzuschieben oder den Ärzten oder den Spielwarenhändlern. Das ist ja auch erbärmlich. Die Schuld dieser emotionalen Grausamkeiten muss man eben tragen als Vater. Man muss sie mannhaft tragen und sich dazu bekennen, daher ja diese Geschichte.

Das Fieseste ist vermutlich, dass all diese Gemeinheiten keinerlei sichtbare Spuren hinterlassen. Sie geschehen in der Abgeschiedenheit der Kleinfamilie, ohne jemals in den Fotoalben und Videosammlungen zu landen. *Das* ist unsere wahre Grausamkeit: Wenn unser Sohn später mal eine Therapie macht und in seinem Fotoalbum nach Ursachen für dieses oder jenes belastende Problem sucht, wird er keinerlei Aufklärung finden, keinerlei Entlastung. Diese Irritation wird ihn noch mehr quälen als das Problem selbst – das habe ich oft genug in Therapien erlebt.

Daher haben Katharina und ich uns zu einem waghalsigen Schritt entschlossen: Wir führen jetzt ein Parallel-Foto-und-Videoalbum, das unsere gröbsten Erziehungsschnitzer und schlimmsten Herzlosigkeiten dokumentiert. Wenn etwa einer von uns etwas wirklich Unmögliches sagt, zum Beispiel: »Solange du deine Füße unter meinen Tisch streckst…«, wird sofort die Videokamera geholt und der pädagogische Übeltäter muss es exakt genauso wiederholen. Auch unmotivierte Wutausbrüche des Kindes werden gesammelt, langes Rumgeheule oder spektakuläre Stürze. Gerade Letztere sind allerdings schwer zu dokumentieren, da Tom in der Regel nicht davon zu überzeugen ist, sich für die Kamera noch einmal fallen zu lassen und sich das Knie aufzuschlagen – dabei ist es doch nur zu seinem späteren Besten!

Ich kann wirklich alle Eltern nur dringend dazu auffordern: Folgen Sie unserem Beispiel! Ich bitte Sie inständig, machen Sie mit: Geben wir unseren Kindern ihr Unglück zurück – wir haben es von ihnen nur geborgt!

Mein Sohn liebt mich nicht

MEIN SOHN LIEBT MICH NICHT. Vermutlich wird dies also keine besonders lustige oder unterhaltsame Geschichte werden, denn: Mein Sohn liebt mich nicht.

»Na und?«, werden Sie nun womöglich sagen, wenn Sie pubertierende Kinder haben. Das Problem ist nur: Tom ist nicht 13 Jahre, sondern knapp 13 Monate alt! Und er liebt mich nicht. Sie müssen weder pubertierende noch sonstige Kinder haben, um nachvollziehen zu können, dass mich das sehr traurig macht.

Nun bin ich ja als Psychotherapeut Experte im Umgang mit Gefühlen. Ich habe auch schon alles versucht: Begonnen habe ich damit, meine Betrübtheit wegzuanalysieren, also den traurigen Sachverhalt mit rationalen Argumenten zu erklären, um ihm so den Stachel des Schmerzes zu rauben. Bei diesen Rationalisierungsversuchen habe ich mich etwa darauf konzentriert, dass Tom nun mal mehr Zeit mit seiner Mutter verbringt. Schließlich muss ich mich momentan alleine um den Broterwerb kümmern – und bei dem exorbitanten Brotverbrauch meines hungrigen kleinen Sohnes dauert das eben eine Weile, insbesondere weil es natürlich Bio-Brot sein muss, das ich mit nach Hause bringen soll.

Logisch erschien mir auch das Argument, dass Tom mich verschmäht, weil ich strenger mit ihm bin als seine Mutter oder seine Großeltern – natürlich aus rein pädagogischen Gründen. Ich bringe dieses schmerzliche persönliche Opfer, um seine psychosoziale Entwicklung zu fördern, eine Entwicklung, die ohne mich völlig den Bach runterginge, da er permanent verhätschelt würde. Denn ohne an dieser Stelle Namen nennen zu wollen, muss ich doch konstatieren, dass eine gewisse Person in unserem Zweieinhalb-Personen-Haushalt den Jungen bei jedem kleinen Jauler sofort auf den Arm nimmt, ihn tröstet, bemitleidet, füttert und liebkost – selbst wenn er lediglich gejault hat, weil er nur 17 seiner 18 Lieblingsspielsachen um sich hatte.

Auch habe ich gemutmaßt, dass es vielleicht etwas mit den Hormonen zu tun haben könnte, wenngleich ich nicht genau weiß, mit welchen. Aber es gibt doch eigentlich immer für alles Problematische eine entlastende Erklärung, die mit den Hormonen zu tun hat.

So richtig geholfen haben all diese Rationalisierungen aber nicht. Es ist ziemlich dumm mit dem Rationalisieren: Wenn man einmal erkannt hat, dass man es macht, kann man nicht mehr weitermachen damit. Es hilft dann einfach nicht mehr: Man weiß, dass es alles Rationalisierungen sind, und dann wirken sie nicht. Das ist beim Rauchen oder beim Nägelkauen viel schöner: Selbst wenn man weiß, dass es eigentlich Unsinn ist, kann man es trotzdem prima weitermachen. Besser noch: Man kann gar nicht anders, vermutlich wegen der Hormone ...

Ich habe auch versucht, mich immer wieder an den Spruch unserer Hebamme zu erinnern, die in den ersten Wochen nach Toms Geburt jedes Mal, wenn Katharina gestillt hat, meinen Arm tätschelte und sagte: »Keine Sorge, Ihre Zeit wird kommen!« Damals hatte ich eigentlich gar keine Sorge. Aber heute wüsste ich schon gerne mal: Wann bitte wird meine Zeit kommen? Darauf, dass der Bengel sein Unrecht einsieht, das er mir mit seiner mangelnden Zuwendung antut, kann ich ja kaum warten. Einsicht kommt meist nicht vor Anfang 30, dann bin ich schon fast 70. Aber es ist ja typisch für Berufsgruppen wie Hebammen und Pastoren, dass sie so unkonkrete Angaben machen wie: »Ihre Zeit wird

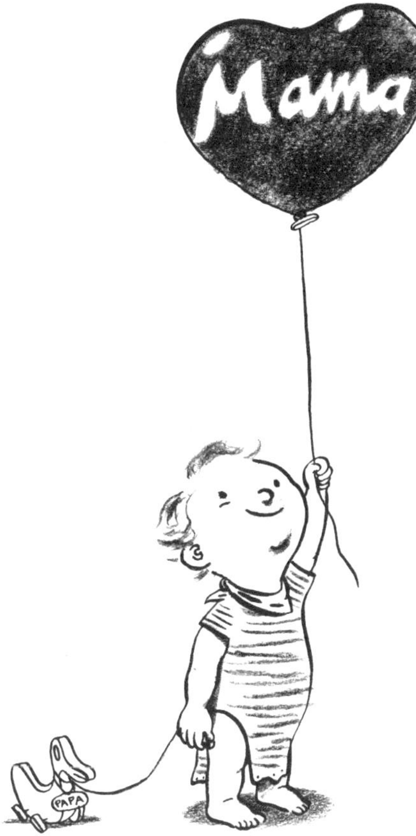
Mama
PAPA

kommen!« Was soll ich damit anfangen? Stellen Sie sich mal vor, ein Richter würde bei der Verurteilung sagen: »Herr Angeklagter, Sie werden erst mal auf unbestimmte Dauer inhaftiert, aber glauben Sie mir: Ihre Zeit wird kommen!« Oder bei der Fahrplanauskunft der Deutschen Bundesbahn: »Der ICE Konrad Adenauer von Hamburg nach München wird kommen!« Wobei, das ist jetzt vielleicht kein so gutes Gegenbeispiel...

Letztlich habe ich es mit Sprechen versucht. Das tun wir Männer ja immer erst ganz zum Schluss, wenn wirklich gar nichts geholfen hat, und oftmals nicht mal dann. Nun, was soll ich sagen: Sprechen hat auch nicht geholfen. Sicher, Katharina, der ich mich zuerst offenbart habe, war sehr nett. Sie sagte zärtlich: »Er liebt dich eben anders!« Nun ist das ungefähr so konkret wie »Ihre Zeit wird kommen!« und ungefähr so tröstend, wie wenn man im Tennis 6:0, 6:2 verloren hat und gesagt bekommt: »Aber schön gespielt hast du!«

Genau betrachtet liebt Tom mich natürlich schon: Wir kommen super miteinander aus, wir spielen schön zusammen, er lacht und freut sich, lässt sich gerne von mir auf den Arm nehmen, trösten und sogar die Zähne putzen. Das Traurige ist: Er liebt mich nicht *bedingungslos*. Er liebt mich nicht »einfach so«.

Anders ausgedrückt: Wenn ich ihn nicht füttere oder wickele oder mit ihm spiele, scheint ihm der Sinn meiner Existenz schleierhaft. Schlimmer noch: Sobald Katharina das Zimmer betritt, vergisst er selbst die schlichte *Tatsache* meines Daseins. Insofern muss an dieser Stelle mal die Frage erlaubt sein: Bei allem Gerede über die fehlende bedingungslose Liebe gegenüber Kindern und die verheerenden Konsequenzen – wo bleibt eigentlich die Diskussion über die Auswirkungen nichtbedingungsloser Wertschätzung gegenüber Eltern? Vermutlich liegt hier der Kern allen Übels: Am Anfang lieben die Eltern bedingungslos. Da sie dann aber nicht bedingungslos zurückgeliebt werden, stellen sie sich stur: Genau genommen sind also die Kinder schuld an dem ganzen Elend…

Sie sehen, ich habe wirklich alles versucht: Rationalisieren, Schimpfen, Sprechen, Schuld-bei-den-anderen-Suchen. Aber ehrlich gesagt: Ich bin noch immer traurig. So richtig spürt man das Traurige ja erst in einem schönen Moment. Etwa wenn man seinen Partner oder seine Partnerin anschaut und bemerkt, wie schön er oder sie ist, und dann plötzlich erkennt, dass man das seit Jahren nicht mehr gedacht hat.

Mein trauriger schöner Moment kam, als ich neulich alleine mit Tom zu meiner Schwiegermutter gefahren bin. Den ganzen Tag spielte er vergnügt mit seinen Onkeln und Tanten, und als er abends müde wurde, kam er direkt auf mich zu gekrabbelt – exakt so, wie er sonst auf Katharina zukrabbelt, wenn er müde ist. Möglicherweise trennen sich so viele Väter im verflixten ersten Jahr von ihren Frauen, damit sie ihre Kinder alleine sehen können, ohne die Mutter. Damit die Kinder abends auf sie zukrabbeln und nicht von ihnen weg.

Insofern liebt mich mein Sohn also schon – nur nicht so sehr wie er die beste Mutter vom Siegfriedplatz liebt. Ich bin also die Nummer zwei in seinem Leben. Nummer zwei zu sein ist für uns Männer jedoch schwierig. Für uns beginnt gleich hinter der Nummer eins das Land der Verlierer und Versager. Stellen Sie sich einmal vor, Ihre Mutter sagte zu Ihnen: »Ich liebe dich, aber nicht so sehr wie deine Schwester und deinen Bruder!« Oder auch »meinen Friseur«, »meinen Schwager«, »meinen Hund«, was auch immer … Würden Sie diese Frau jemals zu sich nehmen, um sie zu pflegen? Aber ich soll ertragen, dass mein eigen Fleisch und Blut, mein Erstgeborener, mein Thronfolger ...

»Entscheidend ist es zu lieben, nicht geliebt zu werden!«, heißt es so schön. »Dann ist doch alles gut!«, denken nun diejenigen, die Ratgeber wie *Gräme dich nicht, lebe!* kaufen und auch noch lesen. Aber nichts ist gut. Denn wenn Tom mich nicht liebt, zumindest nicht bedingungslos, dann hat *er* ja ein Problem: das Problem nämlich, mich nicht zu lieben, worunter er später sicher leiden wird, der arme Junge. Und da ich ihn ja liebe, ist die Situation für mich auch nicht erfreulicher geworden.

Ich hatte ja schon angekündigt, dass dies keine lustige Geschichte wird. Auch für das Ende fällt mir keine wirkliche Pointe ein. Das tut mir leid, aber: Ich brauche jetzt Ihren Trost, nicht Ihre Anerkennung!

Väter-Diskriminierung

Im Grunde bin ich ja Feminist. Das ist jetzt nichts, worauf ich besonders stolz bin. Es ist mehr zufällig passiert, so wie Leute Globalisierungsgegner werden oder auch Tokio-Hotel-Fans. Gut, eine gewisse Affinität zur Sache muss gegeben sein: Wer jahrelang in der Jungen Union war, landet wohl nicht mehr in der AntiFa-Bewegung. Aber es ist auch viel Zufall dabei. Ich war halt zur rechten Zeit am rechten Ort.

Es war Anfang der 90er-Jahre, und der Ort war eine feministisch geprägte Psychologie-StudentInnenvertretung an der Universität Bielefeld. Ich habe mich nicht lange gewehrt. Nach nur zwei Semestern hatte ich alle feministischen Hauptwerke gelesen, inklusive der Bücher über lesbische Sexualität. Ich benutzte die weibliche Form – in Schrift *und* Sprache! – früher und konsequenter als alle meine Mitstreiterinnen. Mein größtes politisches Projekt war die Einführung von Frauenseminaren, die im »geschützten Raum«, sprich: ohne Männer, stattfinden sollten. Sogar für ein Praktikum bei der *Emma* bewarb ich mich. Ich konnte die Frauen wirklich verstehen.

Aber ich konnte ihnen nicht helfen. All mein Wissen, all die einfühlsamen Gespräche, alles Mitleiden konnte nicht verbergen, dass ich die Diskriminierung von Frauen natürlich nicht nachempfinden konnte. Ich konnte sie nicht selbst *spüren*. Daher, diese bittere Erfahrung musste ich machen, verhallten meine Worte stets ungehört. Ich konnte und durfte trotz all meiner Bemühungen nicht mitreden, nicht mithelfen. Ich war feministisch nutzlos. Deshalb ging ich in die Männerarbeit. Aus reiner Frustration darüber, dass ich als feministischer Mann einfach nichts erreichen konnte.

Es dauerte über zehn Jahre, bis sich der Kreis schließen sollte. Bis es mir endlich gelang, mich in die Seele der Frau einzufühlen und ihre Leiden nicht nur intellektuell nachzuvollziehen. Endlich durfte ich das Wesen der Diskriminierung am eigenen Leib erleben: Ich wurde Vater.

Ich kann diese Erfahrung all meinen Gesinnungs- und Geschlechtsgenossen nur wärmstens empfehlen. Wer wissen will, wie es sich anfühlt, diskriminiert zu werden, sollte unbedingt ein Kind zeugen. Ich gebe nur zwei Beispiele, zwei von Tausenden:

Nehmen wir die PEKiP-Gruppe. Für alle Nicht-Eltern sowie jene Mütter und Väter, denen die emotionale und soziale Entwicklung ihrer Babys nicht so sehr am Herzen liegt und die daher nicht wissen, was das ist: Das Prager Eltern-Kind-Programm (PEKiP) basiert im Wesentlichen darauf, dass sich eine Gruppe frischgebackener Eltern trifft, um auf wasserabweisenden Gummimatten mit ihren splitterfasernackten Babys herumzutollen. Die Babys finden das super, weil sie nicht in die Windeln machen müssen, sondern ihr Geschäft im direkten Hautkontakt auf Mamas oder Papas Unterarm verrichten dürfen.

Genau genommen eher auf Mamas Unterarm, denn ich war der einzige Mann in meiner PEKiP-Gruppe. Diese Tatsache machte mir die soziale Integration nicht eben leicht, sodass ich mich zwar freundlich und aufgeschlossen zeigte, bei Gruppendiskussionen aber meistens ziemlich bedeckt hielt.

Eines Tages jedoch gab es plötzlich und unverhofft die Möglichkeit einer öffentlichen Äußerung meinerseits. Das Gespräch der Mütter drehte sich nämlich um die Frage: »Tee fürs Baby, ja oder nein, und wenn ja, welcher, und mit Honig gesüßt oder…« »Auf keinen Fall mit

Honig süßen«, sagte ich bestimmt, aber nicht zu dominant, »das kann zu Säuglingsbotulismus führen, und der ist im Extremfall tödlich.«

Ich hielt das für eine hilfreiche Information. Am Tag zuvor hatte ich sie von einem befreundeten Arzt erhalten und war, ich gebe es zu, nicht eben unglücklich, sie sofort zum Wohl einiger Mütter und Kinder verbreiten zu können. Die Mütter starrten mich allesamt an und schwiegen. Ich nickte und legte ein zartes, betroffenes Lächeln auf. Schließlich ist das Thema »Tod des eigenen Kindes durch Honig-Tee« kein Zuckerschlecken. So deutete ich auch das Schweigen der Frauen als Betroffenheit. Dann aber, fast wie auf Knopfdruck, nahmen sie die unterbrochene Unterhaltung wieder auf – und zwar exakt an der Stelle vor meiner Zwischenbemerkung: »... und mit Honig gesüßt? Naja, letztlich muss das Kind das entscheiden, das Kind spürt ja, was gut für es ist.« Am Ende des Treffens wurde ich mit der gleichen indifferenten Höflichkeit verabschiedet wie immer.

Aber wenigstens durfte ich überhaupt teilnehmen an der PEKiP-Gruppe. Ich war vielleicht nicht willkommen, aber immerhin war ich als Vater prinzipiell vorgesehen in dem Programm. Das ist mehr, als man etwa über den Babyschwimmkurs sagen kann. Fürs Babyschwimmen hatten wir Tom schon vor seiner Geburt angemeldet – die Wartelisten sind da lang. Schließlich kann ein Verzicht auf diese eminent wichtige Maßnahme eine lebenslange Wasserphobie und motorische Fehlentwicklung des Kindes nach sich ziehen. Katharina und ich hatten beschlossen, dass ich das Babyschwimmen übernehmen dürfte, da ich ja sonst nur die PEKiP-Gruppe hatte, Katharina hingegen schon den Babymassagetreff und die Stillmüttergruppe.

Zwei Tage vor dem ersten Schwimmtermin ging ich

in die Stadt, um mir eine dem Anlass angemessene Badehose zu kaufen. Dort traf ich eine Freundin und Babyschwimm-erfahrene Mutter, der ich gleich meine neue Badehose zeigte und voller Vorfreude von dem Babyschwimmen erzählte. Sie schaute mich teilnahmsvoll an und sagte dann vorsichtig: »Ich fürchte, der Kurs ist leider für Väter nicht vorgesehen. Ich habe damals nachgefragt, ob mein Freund mal mitkommen dürfte. Die haben nicht mal eine Männer-Umkleide.«

Natürlich war das ein ziemlicher Schock für mich. Ich hatte an dieser ausgefeilten Form von Väter-Diskriminierung schon etwas zu knapsen. Allerdings fiel mir bei dieser Umkleide-Geschichte ein Erlebnis von vor etlichen Jahren ein: Ich besuchte mit meiner damaligen Freundin das Zweitliga-Fußballspiel Tennis Borussia Berlin gegen FC St. Pauli Hamburg. Es war die »Fußballtaufe« für meine neue Freundin, und nach einer staureichen Autofahrt von Lübeck nach Berlin trug sie ihre Genervtheit demonstrativ zur Schau, indem sie zwei Minuten vor dem Anpfiff zur Toilette ging. Drei Minuten nach dem Anpfiff stand sie wieder vor mir, blass und mitgenommen, und sagte mit fassungsloser Miene: »Die haben hier keine Frauen-Toilette!« Ich hielt dies für eine böswillige Protestaktion ihrerseits und ging sofort selbst gucken. Sie hatten tatsächlich keine Frauen-Toilette.

Und, naja, was meine PEKiP-Erfahrung betrifft: Ein bisschen erinnert mich das Ganze an die Geschichte mit Martina beim Fußball-EM-Spiel Deutschland gegen Türkei. Damals guckten wir das Halbfinale in unserer üblichen Männerrunde. Nach dem Sommermärchen 2006 herrschte schon wieder eine ziemliche Euphorie im ganzen Land, der man sich auch als gänzlich fußballunbeleckte Frau nicht entziehen konnte, und so wollte meine alte Freundin Martina mitgucken. Es war auf Deutsch gesagt ein Scheißspiel, die Stimmung war entsprechend gereizt. Dann ein klares Foul an Philipp Lahm an der Strafraumgrenze, alle Männer sprangen auf und schrien: »Elfmeter, das war doch im Strafraum!« Der Schiri ließ weiterspielen. Eine Minute später fragte Martina in die abklingende Aufregung hinein: »Was ist ein Strafraum?« Dasselbe eisige Schweigen wie in der PEKiP-Gruppe.

Irgendwann ging mir ein Licht auf: Die moderne Vaterschaft ist quasi der natürliche Ausgleich für die Unterdrückung der Frauen im Patriarchat. Das, womit ich mich als frischgebackener Vater momentan konfrontiert sehe, ist vermutlich bloß der Beginn einer langen Epoche der Diffamierung von Männern. Insofern ist auch das wirkliche Verbrechen der vollzeitberufstätigen Väter nicht, dass sie den Frauen die besten Arbeitsplätze wegnehmen, sondern dass sie nicht als Väter präsent sind, um im Kreis der Mütter Buße zu tun. Ich aber werde meinen Beitrag leisten, werde meinen bescheidenen Teil der Wiedergutmachung für die Jahrtausende des Patriarchats erfüllen. Jawohl, ich nehme meine Rolle demütig an, ich stelle mich erneut als Diskriminierungsopfer zur Verfügung. Ich werde zum zweiten Mal Vater! Ich gehe erneut zum Geburtsvorbereitungskurs, zum Kinderarzt und zur PEKiP-Gruppe. Ich werde wieder nicken bei all den Besserwissereien und werde inhaltsleere Papa-Ratgeber strahlend in Empfang nehmen. Und wenn mir wieder einmal Komplimente dafür gemacht werden, dass ich mein Kind richtig herum halte, dann werde ich schweigen und dankbar lächeln. Denn das ist meine Bestimmung – ich habe sie endlich gefunden!

Mutprobe

Ich war immer ein ängstlicher Mensch. Schon als Junge. Ich bin niemals auf Bäume geklettert oder habe mich anderen Mutproben ausgesetzt. Als Jugendlicher habe ich versucht, mich mit Alkohol zu therapieren, um Mädchen ansprechen und andere coole Dinge tun zu können. Die Angst war stärker als der hochprozentigste Schnaps. Später wollte ich unbedingt ferne exotische Länder sehen: Indien, Vietnam, Borneo – weiter als bis Norditalien bin ich nie gekommen. Ich habe auch noch keine der klassischen Abenteuer der Männlichkeit bestritten. Keine Bergbesteigung, kein Bungeejumping, keine Wanderung durch die Wüste. Skigefahren bin ich nur ein einziges Mal, und das war Langlauf.

Ich habe auch große Angst zu versagen. Daher bin ich Psychotherapeut geworden. Als Psychotherapeut sitzt man meistens mit einer einzelnen Person zusammen, ohne weitere Zeugen. Da kann man kaum versagen – zumindest kann es einem schlecht nachgewiesen werden.

So hatte ich mich eigentlich ganz gut eingerichtet in meiner Ängstlichkeit. Mit Mitte 30 wurde es mir allerdings ein klein wenig langweilig. Ich beschloss, dass ein Wagnis her musste. So wurde ich Vater. Es war ein bewusster Akt der Exposition, wie wir Therapeuten sagen, also der Angstbewältigung nach dem Motto: »Es gibt nichts Gutes, außer man tut es!« Nun muss ich die wahren Abenteuer der Männlichkeit bestehen.

Zum Beispiel Tom die Haare schneiden. Dass sich das Problem mit dem Haareschneiden schon zu einem so frühen Zeitpunkt aufdrängte, kurz nach seinem ersten Geburtstag, war einfach Pech: Tom hat halt einen sehr dichten Haarschopf, und hinten fielen ihm die Haare schon bedenklich auf die Schultern. Er hatte also eine

Vokuhila-Frisur, vorne kurz, hinten lang, so wie die tschechischen und bulgarischen Fußballer in den 8oer-Jahren. Aufgrund der sommerlichen Temperaturen bildeten sich im Nacken schon Hitzepickel vom vielen Schwitzen. Es stand also fest: Der hila-Teil seiner Frisur musste weg.

Nun geht man wegen eines bisschen Haare-im-Nacken-Stutzens nicht zum Friseur, nicht bei einem Einjährigen. Das ist albern, das ist feige, das ist geradezu erbärmlich. Außerdem ist das eine Problemweitergabe an andere, so was macht man nicht, schon gar nicht als Psychotherapeut. Da löst man Probleme und schiebt sie nicht anderen in die Schuhe. Wir mussten also selbst ran.

Die erste Frage, die sich stellte, war: Womit? Man kann ja so einem kleinen Wurm nicht mit einer ganz normalen Haarschneideschere an die Locken – der muss sich ja nur einmal ruckartig bewegen, und schon hat man ihm die Scherenspitze in den Kopf gerammt. Also habe ich nach einer Schere gesucht, die vorne abgerundet ist. Zuerst recherchierte ich stundenlang im Internet, dann durchkämmte ich sämtliche Drogeriemärkte Bielefelds. Es war keine abgerundete Schere aufzutreiben. Man könnte meinen, wir seien die ersten Eltern, die je vor diesem Problem gestanden haben. Dabei ist doch sonst zu jedem Pipifax eine ganze Phalanx von Internet-Blogs oder Chats oder Foren aufzutreiben. Aber zu abgerundeten Scheren: Nichts!

Ich rief beim Kinderschutzbund an. Der freundlichen Ärztin dort waren keine Fälle von Kopfverletzungen durch unprofessionelles Haareschneiden bekannt. »Aber was mir mal hatten«, dachte sie laut nach, »war ein Mädchen, dem der Vater mit voller Absicht schwere Stichverletzungen im Kopfbereich…« Ich legte auf.

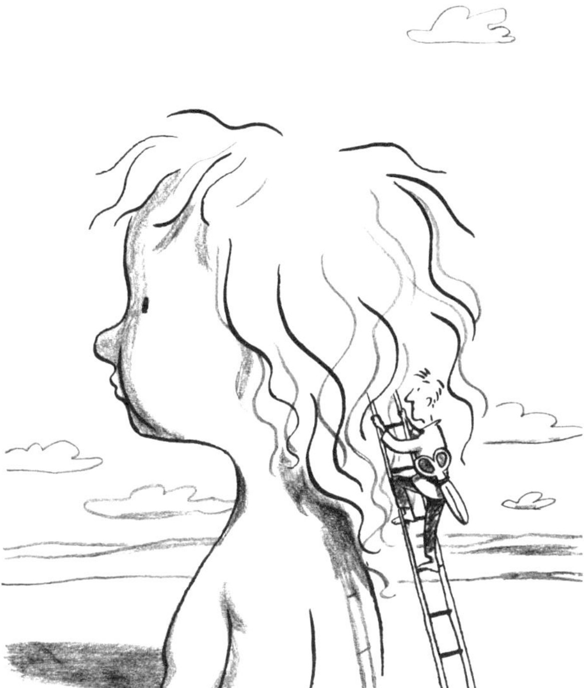

Es musste also die spitze Schere sein. Diese Tatsache verkomplizierte die zweite Frage, die sich nun aufdrängte: Wer? Es ist schon interessant, dass Mütter zu beinahe allen Fragen des Kindeswohls eine gewisse Expertise und ein besonderes Fingerspitzengefühl für sich beanspruchen, dann aber einen Rückzieher machen, wenn es hart auf hart kommt. Oder Spitz auf Kopf, um mal eine alte Redewendung zu missbrauchen. Ich weiß, ich weiß, das ist jetzt sehr ungerecht gegenüber den Müttern im Allgemeinen – und gegenüber der besten Mutter vom Siegfriedplatz sowieso. Aber manchmal muss man einfach alles und jeden über einen Kamm scheren, das gibt Kraft in schwirigen Situationen.

Die dritte Frage: Wie?, war die einfachste. Es musste ein Zustand größtmöglicher Abgelenktheit her – und der ist bei Tom ganz ohne Zweifel das Abendessen. Wir begannen es also wie sonst auch, mit der kleinen Ausnahme, dass ich mich von Anfang an *hinter* Tom stellte, damit er sich an meine Präsenz in seinem Nacken gewöhnen konnte und die Lust verlor, sich ständig nach mir umzudrehen. Als schließlich das Knäckebrot mit Birnenmarmelade serviert wurde, der allabendliche Höhepunkt des Essens, musste ich ran. Ich blickte noch einmal an Toms rechtem Ohr vorbei zu Katharina hin, um mir etwas moralische Unterstützung zu holen. Sie war kreidebleich. Ich spürte, wie mir die Schere in der Hand hin- und herglitschte. Für einen kurzen absurden Moment war ich mit der Frage beschäftigt, ob es wohl auch unter den Fingernägeln Schweißdrüsen gibt.

Die ersten drei Schnitte gingen allesamt ins Leere, da ich viel zu viel Abstand zu Toms Kopf gehalten hatte. Also griff ich vorsichtig eine seiner Locken, zog etwas an ihr und setzte einen schnellen kurzen Schnitt. Von Katharina hörte man ein leises Aufstöhnen, von Tom –

absolut nichts. Er aß seelenruhig sein Knäckebrot. Das machte mir Mut. Ich ergriff die nächste Locke, schnitt – es lief wie geschmiert. Nach einer knappen Minute hatte ich den ganzen hinteren Haarschopf um circa drei Zentimeter gestutzt. Ich war so euphorisch, dass ich sogar einen Stufenschnitt versuchte, damit das Ganze nicht so aussah wie das, was es war: ein Werk der puren Panik. Erschöpft, aber zutiefst zufrieden sank ich in einen Stuhl, während Tom sein Brot kaute und Katharina versonnen auf die abgeschnittenen Locken schaute. Nie zuvor in meinem Leben hatte ich etwas derart Tapferes getan.

Seit ich all das überstanden habe, kenne ich keine Furcht mehr. Ich gehe nachts durch Unterführungen, durch die ich mich früher am helllichten Tage nicht getraut hätte. Neulich war ich Drachenfliegen. War eine Kleinigkeit. Kein Vergleich zu dem Schweiß beim Haareschneiden. Ich würde heute auch aufstehen, wenn Skinheads in der U-Bahn einen dunkelhäutigen Mitbürger beleidigten. Denn ich habe endlich meine Angst verloren, ich fürchte nichts und niemanden mehr. Ich habe allerhöchstens noch Respekt – und zwar vor Alleinerziehenden.

(Ge)wichtiger Schlaf

TOM IST EIN UNHEIMLICH aufgeweckter Junge. Meist schon so gegen 5 Uhr 15 morgens. Nun, Morgenstund hat Gold im Mund, und so habe ich mich längst daran gewöhnt, vor der Arbeit bereits alle Mails und Briefe des vorherigen Tages abgearbeitet zu haben. Das Problem ist eher, dass das frühe Aufstehen bei Tom, anders als bei mir, keineswegs das Bedürfnis weckt, abends umgehend einzuschlafen. Oder gar durchzuschlafen. Im Gegenteil, er macht ein Mordstheater, wenn er ins Bett soll, und ein ebensolches, wenn er nachts aufwacht.

Natürlich nervt das. Vor allem aber, das wissen alle Eltern, ist ausreichender Schlaf absolut notwendig für die kindliche Entwicklung im Allgemeinen und für die Verarbeitung der Eindrücke des Vortags im Speziellen. Außerdem ist es erwiesen, dass man Gewichtsprobleme bekommt, wenn man zu wenig schläft. Eine Stunde weniger REM-Schlaf verdreifacht das Risiko für Übergewicht – möglicherweise weil man den ganzen Tag zu müde ist, um sich irgendwie zu bewegen, und es so eben noch schafft, die Zeit mit Seifenopern und Chips herumzubekommen. Tom ist aufgrund seines gesunden Appetits – und vielleicht auch wegen seines nächtlichen Theaters – mittlerweile schon ein ziemlicher Wonneproppen.

Das mit seiner Schlaflosigkeit hat übrigens Geschichte. Schon als Baby war er wenig schlaffreudig und kam nicht annähernd auf die in der einschlägigen Literatur angegebenen Mindestschlafzeiten. Außerdem schlief er konsequent nur dann ein, wenn man ihn im Kinderwagen durch die Gegend schuckelte, vorzugsweise über Kopfsteinpflaster. Leider wird Kopfsteinpflaster heute immer seltener, was als Beweis dafür gelten kann, dass

Städteplaner grundsätzlich kinderlos sind. Zum Glück gibt es auf unserem Siegfriedplatz, vermutlich aus optischen Gründen, einen schmalen Streifen Kopfsteinpflaster. Der wurde während der ersten Monate in Toms Leben zu meinem zweiten Zuhause.

Bei Wind und Wetter, nämlich immer zu Toms Schlafenszeiten, trottete ich diesen schmalen Streifen auf und ab wie ein Tiger im Käfig. Schnitt mir jemand auf meiner fest vorgegebenen Route den Weg ab, erntete er dafür ein kräftiges Fauchen. Ich durfte nämlich den Kinderwagen auf gar keinen Fall anhalten, nicht einmal für einen kurzen Moment, denn jegliche Schuckelpause führte bei Tom zu sofortigem Erwachen. Das mit den bösen Blicken habe ich allerdings ziemlich gut drauf, sodass es nach einigen Wochen keine Probleme mehr gab, abgesehen von gelegentlichen Störungen durch Touristen und Neuhinzugezogene.

Irgendwann beschloss ich, dass damit Schluss sein musste. Ich kaufte mir das Buch *Jedes Kind kann schlafen lernen*, in dem ein Schlafprogramm vorgestellt wird, das mit »Einfach-schreien-Lassen« nur unwesentlich verkürzt wiedergegeben ist. Ich habe wirklich kein Herz aus Stein. Schön fand ich das Ganze nicht. Aber das Leben ist halt kein Zuckerschlecken – nicht für mich und auch nicht für meinen Sohn. Ich schlug es also Katharina vor. Sie war fassungslos. Tonlos sagte sie: »Du hast ja ein Herz aus Stein!« und ging einkaufen. Ich schob Tom über den Siegfriedplatz.

Vielleicht wird das Schlafen aber auch überbewertet. Seit etwa einem Monat nämlich werde ich nachts, meist so gegen zwei Uhr, durch ein merkwürdiges Geräusch geweckt. Allerdings ist es nicht Toms übliches markerschütterndes Schreien. Es klingt eher wie seine Selbst- »Gespräche«, wenn er sich alleine ein Bilderbuch anguckt. Beim ersten Mal ging ich leise in sein Zimmer und sah, wie Tom aufrecht in seinem Bett stand, an das Laufgitter gelehnt wie ein Kapitän an die Reling seines Schiffes. Er starrte in die Dunkelheit. Ich gab ihm seinen Schnuller und legte ihn wieder hin, er schlief ruhig und anstandslos ein.

Vorletzte Woche dann habe ich ihn mal ein paar Minuten lang beobachtet, wie er da an seiner Reling steht: Er sieht aus, als würde er über den vergangenen Tag sinnieren oder sich Gedanken über den Lauf der Welt machen, Gedanken, zu denen er in der Hektik des Tages nicht kommt, weil ständig andere Kinder oder seine Eltern mit ihm spielen wollen. Es sah sehr friedlich aus. Nach einer Weile sah er mich, zeigte eine kurze Geste des Erkennens, um dann wieder in die Dunkelheit des Zimmers zu schauen. Ich setzte mich vor sein Bett hin, lehnte mich an die Reling und tat es ihm gleich. Schweigend schauten wir in die Stille der Nacht. Nach etwa einer Dreiviertelstunde, vielleicht waren es auch anderthalb Stunden, stand ich auf, streichelte ihm über den Kopf und legte ihn und dann mich wieder schlafen.

Seitdem habe ich vier Kilo zugenommen, bin tagsüber etwas müde und fühle mich innerlich gelassen wie schon lange nicht mehr. Katharina wundert sich etwas über meine plötzliche kleine Wampe, aber ich erzähle ihr lieber nichts von Toms und meinen nächtlichen Stunden. Ich fürchte, sie würde mein Vorgehen für pädagogisch unkorrekt halten. Aber was ist denn schon dabei? Warum kann man nicht mal nachts in Frieden an der Reling stehen und in die Dunkelheit schauen? Es haben schließlich viele Leute Übergewicht.

Wie ist er denn so?

WENN EIN MANN zum ersten Mal zu mir in die Therapie kommt, frage ich in der Regel nicht: »Na, geht's gut?«, oder gar: »Was hat Sie heute schon glücklich gemacht?« Stattdessen frage ich: »Bei welchem Problem kann ich Ihnen weiterhelfen?«, oder wenn ich etwas flapsiger drauf bin: »Wo drückt der Schuh?« Daraufhin höre ich immer viel über schmerzliche Trennungserfahrungen, Alkoholiker-Väter, gefühlskalte Elternhäuser, Depressionen, Gewalt, Missbrauch, Arbeitssucht, überbehütende Mütter, Beziehungsprobleme, emotionale Leere, Einsamkeit, Einsamkeit und noch mehr Einsamkeit. Lauter Dinge also, wegen denen die Leute gerne sagen: »Also, ich könnte das nicht, Therapeut sein! Nee wirklich, was Sie sich da alles so anhören müssen, das nimmt man doch auch mit nach Hause...« Ich winke dann immer ab und sage, dass ich das gut trennen könnte – und glaube es in dem Moment sogar.

Allerdings überträgt sich eine gewisse Neigung zu einer, sagen wir mal, problemorientierten Sichtweise vermutlich doch aufs Privatleben. Denn wenn ich an meinen Sohn denke, denke ich häufig daran, dass er immer noch nicht richtig laufen kann, oder ich frage mich, wann er endlich in der Lage sein wird, alleine zu essen. Als Psychotherapeut ist man einfach nicht so recht glücklich, wenn man nicht irgendein Problem findet.

Insofern bin ich sehr froh, dass ich diese Woche meinen Sohn bei seinem Eintritt in die Kita begleiten darf. Denn der Übergang von der trauten Familiensituation zu Hause in die weite wilde Welt der kommunalen Kinderbetreuung birgt haufenweise Probleme. Davon konnte ich mich in Gesprächen mit zahlreichen Veteranen-Eltern überzeugen. Entsprechend gewappnet, den Blick geschärft für alle möglichen Schwierigkeiten, mit der natürlichen Souveränität des professionellen Problemlösers ging ich den Montag X an. Die erste Komplikation ereignete sich allerdings bereits vor der Abfahrt: Tom wollte partout den Fahrradhelm nicht aufgesetzt bekommen. Er schrie und wand sich – ich hatte keine Chance. Wir fuhren mit dem Auto.

In der Kita angekommen, nahm mich eine Erzieherin beiseite und brachte mich in ein Besprechungszimmer, während Tom bereits pädagogisch bespaßt wurde: Er durfte in die Malecke, um sich mit Fingerfarben seine besten Klamotten zu ruinieren. Ich guckte ihm etwas verunsichert hinterher. Es ist schon ein sehr merkwürdiges Gefühl, wenn einem der einzige Sohn so plötzlich entrissen wird. »Aber gut«, versuchte ich mich zu beruhigen, »dafür sind wir ja schließlich hier!«

Die Erzieherin war sehr freundlich, sie versorgte mich erst einmal mit Kaffee. Nicht ungeschickt, das mit dem Kaffee. Denn bis so ein Kaffee wunschgerecht bereitet ist, sind eine Menge Fragen zu beantworten, die rein gar nichts mit Kindern zu tun haben: schwarz oder mit Milch; Zucker, Süßstoff oder gar nichts; Keks ja oder nein? Wenn der Kaffee schließlich fertig ist, hat man schon ganz vergessen, dass das eigene, so überaus empfindsame Kind gerade von einer wildfremden 15-jährigen Praktikantin betreut wird.

Die Erzieherin ließ sich in einen alten Ledersessel fallen: »Nun, wie ist er denn so, Ihr Tom? Was mag er zum Beispiel gerne?« Ich war zunächst etwas verdutzt. Diese Frage hatte ich nicht erwartet. Einen Moment lang fiel mir rein gar nichts ein, dann aber blieb mein Blick an den Keksen auf dem Tisch hängen: »Essen! Essen tut er für sein Leben gern. Eigentlich alles, was man ihm gibt, sogar Oliven und Spinat. Am liebsten aber Brot. Für ein Stück trocken Brot würde er alles tun.«

Die Erzieherin lächelte, und so erzählte ich weiter: von Toms Leidenschaft für Autos, von der ich wirklich nicht weiß, von wem er sie hat, und seiner Liebe zu Tieren. Dass er Esel mag und Enten, gerne in den Tierpark geht, aber auch einer Fliege an der Fensterscheibe minutenlang zugucken kann. Dass er, wenn er von irgendwo Musik hört, den Zeigefinger hebt, als wolle er »Achtung!« sagen – vermutlich weil ich das immer getan habe, als ich ihm die ersten Male Musik vorgespielt habe. Dann rockt er stets begeistert mit dem Oberkörper im Takt, egal ob es ein Kinder-Schlaflied ist oder etwas aus Papas Hardrock-Jugend.

Ich erzählte, wie er immer vollkommen ruhig im Kinderwagen sitzt und gespannt seine Umgebung betrachtet, egal wie aufgedreht er war, bevor man ihn hineingesetzt hat. Dass er gerne seinen Eltern, aber auch arglosen BesucherInnen in die Füße beißt, sie dann betroffen anschaut, den Kopf schüttelt und »Nein, nein, nein!« sagt. Und dass man ihm immer eine Riesenfreude macht, wenn man mit ihm zusammen ein Buch anguckt und am besten noch »Wo ist der Esel, wo ist die Kuh?« spielt. Dass er manchmal sogar ganz alleine in seinen Büchern blättert, als ob er eine besonders herausragende Passage suchen würde, die er noch einmal nachlesen will.

Die Erzieherin hörte die ganze Zeit über ruhig zu, machte sich ein paar Notizen und goss mir ab und an Kaffee nach. Nach einer guten Stunde bedankte sie sich und beendete die Sitzung. Zum Abschied schüttelte sie mir lachend die Hand und sagte: »Na, da haben Sie ja wirklich so einen richtigen Prachtjungen!« Als ich im Auto saß, musste ich weinen vor Glück.

Ich denke ernsthaft darüber nach, ob ich meinen Klienten in den Therapiestunden vielleicht Kaffee anbieten sollte.

Was ich an meinem Sohn am meisten liebe

EINE MEINER GRÖSSTEN LEIDENSCHAFTEN ist die Beschäftigung mit Listen, Tabellen und Statistiken. Einmal habe ich mehrere glückliche Stunden damit verbracht, eine sehr informativ und übersichtlich aufgemachte Statistik über die Entwicklung der kasachischen Hirse- und Dinkelexporte zu studieren. Ich weiß, dass es vielen Männern so geht wie mir. Auch wenn sich nicht alle trauen, offen darüber zu sprechen. Daher ist mir das Thema des männlichen Listenfetischismus auch eine besondere Herzensangelegenheit.

Zunächst ein paar harte Fakten: Wissenschaftliche Untersuchungen haben ergeben, dass Männer vor Plakaten in Schaufenstern etwa doppelt so häufig und dreimal so lange stehen bleiben, wenn es sich dabei nicht um normale Texte, sondern um Listen handelt. Egal was. Sie können die Alkoholismusraten verschiedener europäischer Länder in das Schaufenster eines Spielwarengeschäfts hängen oder die aktuelle Hitparade an die Eingangstür Ihres Beerdigungsinstituts. Es werden sich Schlangen von Männern bilden.

Aber Listen machen nicht nur Spaß, sie sind geradezu lebensnotwendig. Wir alle nutzen sie für den Umgang mit schwierigen Lebenssituationen. Viele Frauen etwa bewahren an geheimen Orten Schritt-für-Schritt-Anleitungen zur Bedienung des DVD-Recorders auf. Das weiß ich aus verlässlicher Quelle. Männer dagegen brauchen häufig Listen für den Umgang mit Gefühlen. Wenn man etwa gerade von seiner Partnerin verlassen wurde, kann es äußerst tröstlich sein, eine Liste mit den schmerzhaftesten Trennungen seines Lebens aufzustellen. Das hilft dabei, den Schmerz angemessen zu verorten: »Ist es so schlimm wie damals, als Nadine mit meinem besten Kumpel Jörg...? War nicht die allererste Trennung von meiner Sandkastenliebe Nicole viel schrecklicher? Sagen wir also: Platz drei!« Und schon ist man angemessen traurig, denn der dritte Platz ist zwar ziemlich weit oben, aber nicht wirklich dramatisch. So kann man gleich wieder ein kleines bisschen ruhiger und versöhnter mit dieser Welt sein, in der doch alles seine Ordnung hat.

Was bei Schmerz gut klappt, kann bei Liebe nicht verkehrt sein. Daher hier meine Top-Five-Liste »Was ich an meinem Sohn am meisten liebe«:

Platz fünf: Am frühen Morgen gehe ich in Toms Zimmer, nachdem er schon eine gute Viertelstunde lang einfach vor sich hingebrabbelt hat (vermutlich um seine geliebten Eltern sanft aus dem Schlaf zu holen). Tom steht aufrecht in seinem Bett, nagt an den Gitterstangen und strahlt mich an. So als hätte ich ihm gerade diesen schönen neuen Tag geschenkt. Was ja zumindest zur Hälfte auch stimmt. An Wochentagen frage ich ihn gleich, ob er Lust hat, in die Kita zu gehen. Natürlich ist das eine rhetorische Frage, was Tom aber egal ist. Er ruft dann begeistert: »Chee-ta!«, was mich immer an den Schimpansen aus den alten Tarzan-Filmen erinnert. Vielleicht heißt dieser Cheeta so, weil auch Tarzan eine Kinderbetreuungseinrichtung besucht hat. Seine Eltern sind ja, wenn ich mich recht erinnere, sehr früh verstorben.

Platz vier: Ich kann nicht so recht verhehlen, dass es mich, der ich beruflich wie privat viel mit Worten zu tun habe, mit ausgesprochener Freude erfüllt, dass sich mein Sohn auf dem besten Wege befindet, ein Bücherwurm zu werden. Nun gut, momentan zieht er noch Bilderbücher vor. Aber schon jetzt genießt er es sehr, auf eine Kuh oder einen Storch zu zeigen und mich groß anzugucken, wie ich brav »Kuh« oder »Storch« sage. Sein Verhältnis zu belletristischen Werken, zumindest zu denen in den unteren Regalen unserer Bücherwand, ist dagegen noch eher kritisch: Er zerreißt sie. Trotzdem freue ich mich schon jetzt wie irre darauf, meinem Sohn bald Gute-Nacht-Geschichten und später dann *Momo* vorzulesen.

Platz drei: Tom jault und heult und schreit nicht viel – da können wir uns wirklich nicht beklagen. Hat er allerdings Hunger, wird er zum Tier. Er brüllt wie ein Löwe, robbt in Richtung Esstisch und versucht, sich wie ein junger Affe an seinem Kinderstuhl hochzuhangeln. Schlimmer ist es, wenn er schon etwas müde ist. Dann beträgt das von ihm tolerierte Zeitfenster zur Heranschaffung ausreichender Mengen an Nahrung genau 0,7 Sekunden. Noch schlimmer ist es, wenn zu einem solchen Zeitpunkt etwas Essbares in sein Blickfeld gerät. Dann stürzt er sich darauf wie eine Hyäne, vergisst dabei aber, dass er noch nicht stehen kann, ohne sich festzuhalten, geschweige denn laufen. Folglich fällt er der Länge nach hin. Und dann wird er erst richtig wild.

Das alles ist relativ anstrengend, zumal es ohne jede Vorwarnung geschieht. Tom bekommt diesen tierischen Hunger wie andere Leute Schluckauf. Wir sind daher in ständiger Alarmbereitschaft. Im Kühlschrank steht immer ein Sortiment geschälter Äpfel und Karotten bereit. Das Abendessen haben wir in der Regel schon eine Stunde früher fertig. Natürlich steht es an einem für Tom nicht einsehbaren Ort – man muss ihn ja nicht noch extra reizen.

Dennoch kann ich nicht umhin, Tom für diesen unbändigen Willen zur Nahrung zu bewundern. Sollte er die gleiche Leidenschaft und den gleichen Biss auf

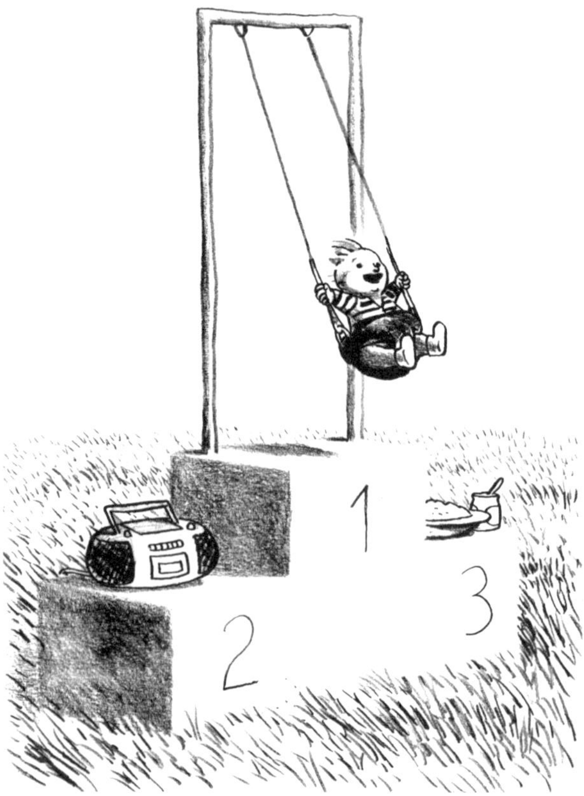
1
2
3

seine Schulkarriere und sein Jurastudium übertragen können, werden ihm die Türen der größten Anwaltskanzleien der Welt offen stehen. Momentan scheint allerdings die Berufswahl »Koch« wahrscheinlicher zu sein.

Platz zwei: Manchmal, wenn Tom gerade zum hungrigen Tier wird, oder auch einfach nur zum Spaß, lege ich Musik auf. Meistens eine CD mit kindertauglichen Versionen von alten *Smashing Pumpkins*-Hits – das ist meine Vorstellung von einem fairen Kompromiss. Schon wenn ich Tom frage: »Sollen wir Musik hören?«, hellt sich seine Miene auf und er zeigt auf die Stereoanlage, der clevere kleine Kerl.

Es ist seine Art zu lachen, wenn die ersten Klänge ertönen. Ein röhrendes, meckerndes Lachen. Als würden wir etwas wunderbar Verbotenes tun. Dann schlackert er mit den Armen durch die Luft, dirigiert und tanzt. Und lacht wieder sein meckerndes Lachen.

Platz eins: Jeden Tag gehe ich mit Tom schaukeln. Unser Stadtteil, der entgegen der allgemeinen Bevölkerungsentwicklung ein Durchschnittsalter von 5,74 Jahren aufweist, ist mit Spielplätzen nur so gepflastert. Neun davon haben eine Kleinkinderschaukel. Diese Schaukeln haben Tom von jeher fasziniert. Sobald er eine sieht, fängt er im Kinderwagen an zu strampeln und tut unmissverständlich sein Schaukelbedürfnis kund. Daher könnte man ihn eigentlich als verhältnismäßig routinierten Schaukelexperten bezeichnen. Zudem ist die Kleinkinderschaukel als solche der bestentwickeltste, TÜV-geprüfteste und überhaupt sicherste Ort auf Gottes großer Erde. Man könnte einen Looping damit machen und würde nicht herausfallen. Dennoch hat Tom beim Schaukeln stets diesen ängstlich-skeptischen Blick und hält sich mit beiden Händchen eisern an den Seilen fest. Er liebt es durchaus, wenn ich ihm ordentlich Schwung gebe, aber er hält sich die ganze Zeit über fest, selbst wenn die Schaukel schon fast ausgeschwungen ist. Jeden einzelnen Tag gucke ich ihm zu und lächele dabei ein Lächeln, das eigentlich ein Weinen der Rührung ist.

Ich weiß, es ist irgendwie schäbig, an seinem Sohn vor allem dessen Ängstlichkeit zu lieben, nur weil man selbst so ein Feigling ist. Aber ich liebe auch nicht wirklich seine Ängstlichkeit, sondern eher seine Bereitschaft, sich der Angst vorsichtig zu stellen. Seinen inneren Drang, das Furchterregende immer wieder auszuprobieren. Da kann ich von Tom noch einiges lernen.

Vermutlich ist das alles mit »Liebe« ganz falsch beschrieben. Der Tom auf der Schaukel ist einfach der, den ich am besten kenne. Der mich am meisten berührt. Meinen Beschützerinstinkt weckt. Meinen unbedingten Willen, ihn zu unterstützen, worum auch immer es geht. Es ist der Tom, dem ich mich am stärksten verbunden fühle. Der Tom, der mir das Herz am weitesten macht.

Vermutlich ist das alles mit »Liebe« ganz richtig beschrieben.

»Bemühen Sie sich auch um Ihre Partnerschaft!«

Ich habe bereits angedeutet, wie schwierig es ist, Elternrolle und Partnerrolle miteinander in Einklang zu bringen. Besser gesagt: die Partnerschaft bei dem ganzen schönen Eltern-Sein nicht völlig aus den Augen zu verlieren. Nun weiß jedes Kind, dass man sich bei Dingen, die schwierig sind, eben besonders bemühen muss. Nicht umsonst steht ja auch in jedem Elternratgeber: »Bemühen Sie sich auch um Ihre Partnerschaft!«

Ich nehme sowohl diese Elternratgeber als auch meine eigenen therapeutischen Ratschläge sehr ernst. Daher habe ich mich eines Abends heimlich aus der Vaterrolle herausgeschlichen und im Internet nach Wohlfühl-Wochenenden in Romantikhotels gestöbert. Gleich vier solcher schönen »Love Specials« und »Honeymoon Trips« habe ich gebucht – man kann sich schließlich nie genug bemühen. Drei dieser Wochenenden haben die beste Mutter vom Siegfriedplatz und ich bereits absolviert: eines im idyllischen Odenwald, eines im schneebedeckten Sauerland und eines im romantischen Nordharz. Allerdings haben wir Tom immer mitgenommen, was zwar sehr schön, aber der partnerschaftlichen Sache nicht wirklich dienlich war. Für das vierte Wochenende hatten wir Tom daher rechtzeitig meinen Eltern versprochen und sie instruiert, uns den Jungen unter gar keinen Umständen vor Sonntag, 18 Uhr, wieder auszuhändigen.

Am Freitagnachmittag gaben wir Tom also bei meinen Eltern ab und beschlossen, während der Fahrt ins schöne Schwerin, unserem Romantikziel, langsam von der Eltern- in die Partnerrolle zu wechseln. Spätestens ab dem Ortseingangsschild von Schwerin sollte der Name Tom für 48 Stunden nicht mehr fallen.

Es war allerdings auch noch gute 150 Kilometer vor Schwerin, als uns beiden ein großes Plakat ins Auge sprang: »Kinderkleidung! Lagerverkauf! 800 Meter rechts!« Schnell tauschten wir einen Blick aus und beteuerten uns gegenseitig, dass es geradezu fahrlässig wäre, diese Gelegenheit auszulassen. Schließlich könnten wir so beim Kauf der dringend benötigten Schuhe, Jacken und Hosen eine schöne Stange Geld sparen. Tatsächlich entpuppte sich der Lagerverkauf als wahre Schnäppchen-Fundgrube. Wir hätten wahrscheinlich sogar eine passende Regenhose gefunden, was in Toms Größe nicht einfach ist, wenn sie in der Halle nicht schon damit begonnen hätten, die Lampen auszuschalten.

Als wir gegen 22.30 Uhr in unserem Romantikhotel ankamen, wurden im Restaurant, wo unser »Love at first sight«-Candle-Light-Dinner hätte stattfinden sollen, gerade die Stühle hochgestellt. Auf unserem Zimmer widmeten wir uns umgehend dem bereitgestellten Begrüßungssekt. Voller Euphorie über die Billigeinkäufe und in Vorfreude auf das romantische Wochenende trank ich vier Gläser Sekt ziemlich schnell hintereinander weg. Ich weiß, das hätte ich nicht tun sollen – nicht nachdem ich am Morgen um 5.45 Uhr zusammen mit Tom aufgestanden war. Während Katharina noch an ihrem ersten Glas Sekt nippte und ihr am Vortag erstandenes Nachthemd auspackte, schlief ich auf unserem King Size Bed ein.

Am folgenden Morgen war Katharina schon gegen 11 Uhr wieder bereit, mit mir zu reden. Auf dem schönen Spaziergang durch die Schweriner Altstadt durfte ich sogar ihre Hand nehmen. Das muss man ihr lassen: Sie

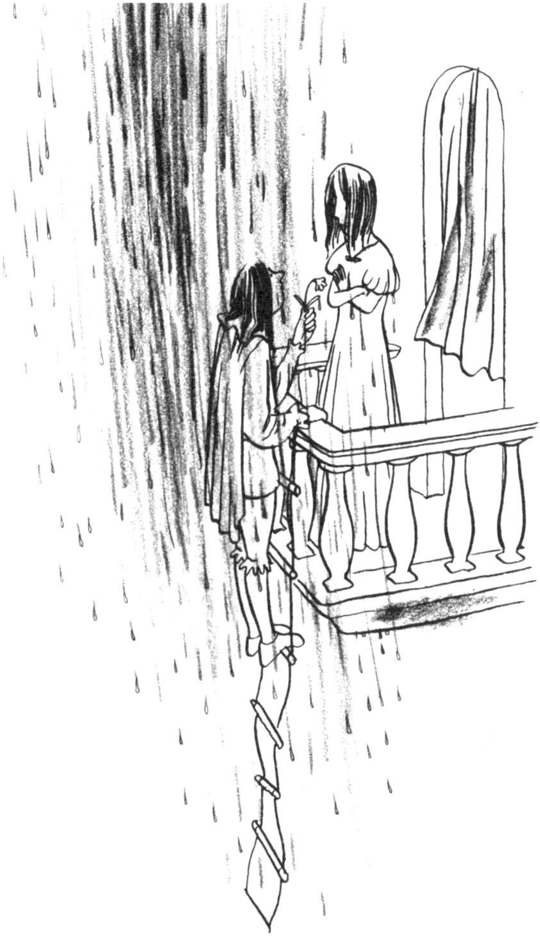

ist wirklich nicht nachtragend. Leider blieb sie insgesamt vier Mal vor den Schaufenstern von Kinderspielzeugläden stehen und sprach sieben Mal vorbeitrippelnde Kleinkinder an. Ich hingegen machte lediglich zwei Mal »Brummbrumm«, als besonders lautstarke Motorräder an uns vorbeifuhren, und soll angeblich, ich betone: angeblich, auf dem Rückweg entlang des Pfaffenteichs jede einzelne Ente mit »Nack-Nack« begrüßt haben.

Als wir uns dann endlich zu einem »Mittagsschläfchen« hingelegt hatten, klingelte mein Handy. Meine Mutter erzählte mir ganz aufgeregt, dass Tom soeben seine ersten Schritte gemacht hätte, vier freie eigenständige Schritte vom Sofa zum Fernsehtisch. Wir telefonierten eine knappe Stunde. An »Mittagsschlaf« war natürlich nicht mehr zu denken. Zur Beruhigung spielten wir drei Stunden Mau Mau mit verschärften Regeln: Bei einer Sieben muss man zwei Karten ziehen, bei einer Dame drei Karten und bei jeder Erwähnung von Toms neuer Fähigkeit vier Karten. Meist hatten wir beide 15 Karten auf der Hand.

Dass es dann im Laufe des Nachmittags anfing, wie aus Kübeln zu schütten, war einfach Pech. Zumal die Karten für die Open-Air-Aufführung von »Romeo und Julia« nicht ganz billig gewesen waren. Das Hotel allerdings bewies seine Klasse, indem es uns anbot, stattdessen das am Abend zuvor verpasste Candle-Light-Dinner nachzuholen. Ich erinnerte mich daran, wie sehr Katharina ein gutes und vor allem romantisches Abendessen genießt und in welche Stimmung es sie normalerweise versetzt. Überschwänglich schüttelte ich der Dame an der Hotelrezeption die Hand.

Mit der Restaurantküche schien diese großzügige Geste allerdings nicht abgesprochen worden zu sein.

Unser Minitisch stand direkt am Eingang zur Küche, sodass mir alle zehn Sekunden die Schwingtür in den Rücken geschlagen wurde. Auch die lautstarken Anweisungen des cholerischen Küchenchefs waren bei der Unterhaltung etwas hinderlich. Als Vorspeise gab es eine Hühnerbrühe, die mich sehr an die Tütensuppen meiner Studentenzeit erinnerte. Kurz bevor das Hauptgericht, ein Wiener Schnitzel mit Pommes frites, serviert wurde, sahen wir einen jungen Mann durch die Küchentür verschwinden. Er trug eine Plastiktüte mit der Aufschrift »Rudis Grill-Imbiss«. Die Joghurt-Nachspeise entschädigte mich für vieles, da »Landliebe Kirsch« meine absolute Lieblingsmarke ist. Katharinas Laune war allerdings auch mit Joghurt nicht mehr zu retten.

Auf diese Art bekamen wir wenigstens einmal ausreichend Schlaf, sodass wir am Sonntagmorgen gegen 8 Uhr auf den Beinen waren und fertig gefrühstückt hatten. Dadurch hatten wir nun, bei weiterhin regnerischem Wetter, gute zehn Stunden zu überbrücken, bevor wir unseren Sohn bei meinen Eltern abholen durften. Wir beschlossen, einfach an jeder Raststätte, jedem Café und jedem Imbiss auf dem Weg eine Kaffeepause einzulegen. Nach dem siebten Cappuccino waren wir ziemlich aufgekratzt und erzählten uns wilde Geschichten über herrlich verkorkste Urlaubserlebnisse.

Wir lachten immer noch, als wir schließlich um Punkt 18 Uhr bei meinen Eltern klingelten. Mein Vater sagte: »Na, ihr habt die Zeit ja gut genutzt!«, und zwinkerte mir zu. Ich antwortete: »Ja, es war ganz wunderbar!«, woraufhin Katharina wieder losprustete und mich umarmte.

Nichts verbindet uns Menschen doch so sehr wie das gemeinsame Durchleben eines völlig fehlgeschlagenen

Plans, die gemeinsame Bewältigung einer kontinuierlichen Folge kleinerer und mittlerer Katastrophen. Insofern ist ein Kind auch für die Partnerschaft nicht unbedingt schlecht.

Natürlich ist mein Sohn nicht retardiert

Wie Sie wissen, habe ich seit einigen Wochen meine ganz persönliche Verteidigungsstrategie gegenüber Eltern, die ihre Kinder zu hochbegabten Universalgenies stilisieren: Ich erzähle ihnen, dass mein eigener Sohn retardiert sei. Natürlich ist das trotzig, bockig, albern, meinetwegen sogar pubertär. Manchmal lasse ich mich einfach dazu hinreißen, ich kann nicht anders.

Allerdings werde ich nun die Geister, die ich rief, nicht mehr los. So hat Tom zu seinem ersten Geburtstag vornehmlich Päckchen mit Säuglingsspielzeug und speziellen Fördermaterialien bekommen. Die Mütter aus der Babyschwimmgruppe haben sogar zusammengelegt und uns das nicht ganz billige Fachbuch »Motorische Förderung junger Spätentwickler« geschenkt. All das machte die beste Mutter vom Siegfriedplatz zwar stutzig, konnte von mir aber noch mit der »unglaublichen Ignoranz der Leute« erklärt werden, über die ich mich künstlich ereiferte.

In den letzten Wochen aber kam es Katharina zunehmend seltsam vor, dass sie von vielen unserer Bekannten in so einem betont teilnahmsvollen Ton gefragt wurde, wie es Tom denn gehen würde. Ich schob es auf die schlimme Erkältung, die er gehabt hatte, und dass andere Eltern ja durchaus wüssten, wie hartnäckig und kräftezehrend so ein Kinderschnupfen sein kann. Katharina schaute mich etwas ungläubig an, sagte aber nichts.

Als sie jedoch vorgestern von einer Frau aus ihrer früheren Stillmüttergruppe den Tipp bekam, dass am Abend im WDR eine Sendung über Entwicklungsverzögerungen im Kleinkindalter käme, brachen meine

Lügengebäude zusammen. Ich wusste, dass es an der Zeit war, mich Katharina zu offenbaren.

Stammelnd erzählte ich die ganze Geschichte. Die beste Frau vom Siegfriedplatz hörte zu, schweigend und aufmerksam, und als ich geendet hatte, nickte sie langsam und bedächtig. Dann kam sie zu mir aufs Sofa hinüber und streichelte mir den Kopf. Vielmehr tätschelte sie mich, ungefähr so, wie sie Tom tätschelt, wenn er etwas Neues versucht, es aber nicht geschafft hat. Oder wie man einen Hund tätscheln würde, der das Stöckchen, das man für ihn geworfen hat, nicht gefunden hat. Aber ich war dankbar für ihr Schweigen in diesem Moment. Ich weiß, dass Sprechen hilft, aber manchmal ist es ganz schön, wenn man nichts sagen muss und auch nichts gesagt bekommt.

Allerdings fühle ich mich, gerade *wegen* Katharinas nachsichtiger Reaktion auf meine peinliche Verfehlung, irgendwie verpflichtet, die Sache auch offiziell klarzustellen. Also, zu Ihrer Information: Natürlich ist das mit der Retardierung meines Sohnes komplett erfunden. Ganz im Gegenteil: Tom ist ein besonders aufgeweckter kleiner Junge. Er kann bereits im zarten Alter von knapp 14 Monaten diverse Tiere erkennen und auch nachmachen. Außerdem vermag er schon etliche Farben zu unterscheiden, es ist wirklich faszinierend, und Sie sollten mal sehen, was für fantastische Türme er aus Bauklötzen baut!

Am Beeindruckendsten aber ist seine Sprachentwicklung: Sein aktiver Wortschatz ist bereits im hohen zweistelligen Bereich, und er bildet Zwei-Wort-Sätze wie »Da Ball!« oder »Nein nein!«. Seine Spezialität jedoch ist die Drei-Wort-Kombination »Wau Wau Miau«, die sich auf die Luchse in unserem Tierpark bezieht. Und wenn man dem Jungen etwas vorsingt, wiederholt er es mit der korrekten Anzahl gesungener Silben. Er ist also quasi des kleinen Einmaleins mächtig.

Genau genommen, aber ich will das hier wirklich nicht weiter ausführen, haben wir Tom bereits für einen Hochbegabungstest angemeldet. Den kann man zwar erst im Alter von drei Jahren durchführen, aber im »Institut zur Früherkennung hochbegabter Kinder« haben sie eine erstaunlich lange Warteliste. Anscheinend gibt es sehr viele Anfragen besorgter Eltern. Die Wahrscheinlichkeit einer Hochbegabung ist natürlich sehr gering, wie ich ja schon erwähnt habe, aber man will sich ja später nicht selbst vorwerfen müssen, man hätte nicht rechtzeitig gehandelt.

Ich habe auch schon einen Weg gefunden, wie ich die ganze Lüge von der Retardiertheit meines Sohnes öffentlich auflösen kann: Wenn Tom und ich demnächst über den Siegfriedplatz schlendern und dabei eine Hochbegabten-Mutter treffen, die argwöhnisch begutachtet, wie Tom souverän über den Marktplatz marschiert, dabei locker einen Ball mal am rechten, mal am linken Fuß führt und nur ab und zu stehen bleibt, etwa um jemandem den Weg zum Bahnhof zu erklären, dann werde ich mich zunächst nach dem Wohlbefinden des genialen Filius der Bekannten erkundigen. Anschließend werde ich genüsslich abwarten, während sie nach Worten ringt: »Sag mal, äh, ich meine, hattest du nicht erzählt, dass Tom ... also, dass er noch nicht so recht krabbeln ... und dass er eher etwas zurück ... also, ich dachte, du hättest gesagt...« Ich werde sie in Ruhe ausstammeln lassen, dabei freundlich lächeln, aber gleichzeitig die Stirn besorgt in Falten legen und sagen: »Ja, du wirst es nicht glauben, aber er hat ja sooo einen Sprung gemacht, der Kleine, ich weiß gar nicht, ob das gut für ihn ist!«

Anna

AUCH JUNGEN LIEBEN PUPPEN. Das ist eine Tatsache, keine bloße Meinung. Lassen Sie sich bitte nichts anderes einreden! Nicht von den Wissenschaftlern, die gerne von Testosteron erzählen und von Mammuts und Jagdinstinkten und davon, dass Babys schließlich von Frauen geboren und gestillt werden. Auch nicht von den Eltern mit ihren Einzelfallberichten: »Also, mein Sohn hat schon als Baby immer mit einem Bagger spielen wollen und hat ›Brummbrumm‹ gemacht und jedem Auto fasziniert hinterhergeguckt. Meine Tochter hatte nur Augen für Puppen und war anhänglich und schmusig und wollte sich mit drei Jahren schon schminken. Da kann man machen, was man will – es ist einfach so!«

So etwas sagen Eltern, wenn sie mit Freunden zusammensitzen und der kleine Sohn laut brüllend als Formel-1-Wagen durchs Zimmer rennt, während die Tochter friedlich ihrer Puppe zu essen gibt oder die Windel wechselt. Dann zucken die Eltern mit den Schultern und gucken betont schicksalsergeben. So versuchen sie, davon abzulenken, dass auch ihre Erziehung traditionellen Geschlechterklischees folgt. Das ist den Eltern kaum vorzuwerfen, sie merken es ja gar nicht.

Ich sehe das doch an mir selbst. Wenn mein Sohn und ich mit der Eisenbahn spielen oder mit einem Flugzeug, dann sind die Figuren, die wir in die Lokomotive oder ins Cockpit setzen, immer »Lokomotivführer« und »Piloten« und niemals »Lokomotivführer*innen*« oder »Pilot*innen*«. Überhaupt sind diese ganzen Plastikfiguren grundsätzlich »Männchen«. Auch Katharina käme nie auf die Idee, mich zu fragen: »Sag mal, wo ist eigentlich die Kiste mit Toms Frauchen?«

Wenn ich hingegen mit Tom zusammen ein Bilderbuch angucke, sind die Kinder darin immer nur mit ihren Müttern unterwegs: Mütter, die ihre Kinder in die Kita bringen, mit ihnen spielen, sie füttern, sie spazieren fahren, sie ins Bett bringen. Wir haben ein großes »Wimmelbuch«, in dem es sehr, sehr viele Menschen gibt. Ich habe mir mal die Mühe gemacht nachzuzählen: Es sind insgesamt 723 Frauen abgebildet, hingegen nur 299 Männer. Und von diesen 299 Männern gehen genau 291 ihrer Arbeit als Schaffner, Polizisten oder Bauarbeiter nach. Väter, die sich um ihre Kinder kümmern, gibt es nicht.

Erschreckender noch ist dies in Tierbüchern. Als bekennender Entenfan nennt Tom stolze 17 Entenbücher sein eigen. Wir ergattern seit vielen Monaten alles Entenmäßige, was wir kriegen können: in Buchläden, auf Flohmärkten, bei anderen Eltern. Daher besitzen wir bereits einen sehr schönen Querschnitt von Entenbüchern aus verschiedenen Epochen und Herkunftsländern. In keinem einzigen dieser Entenbücher gibt es einen Erpel! Weder in dem Buch über das einbeinige tunesische Entenküken Ahmet noch in der 50er-Jahre Geschichte von der »Wiederaufbauente« Sigrid. Nicht ein Erpel in 17 Büchern! Bei Enten kann man das ja auch als Nichtbiologe sehr leicht feststellen. Unseren Kindern wird also suggeriert, dass im Alltag eines Kindes der Erpel beziehungsweise Mann keine Rolle spielt. Und dass die Entenmütter zu ihren vielen, vielen Entenküken kommen wie die Jungfrau Maria zum Kinde.

Nun bin ich selbst noch viel schlimmer als die anderen Eltern. Da ich beruflich vorgebildet bin, *erkenne* ich die klischeehafte Erziehung, die ich meinem Sohn angedeihen lasse. Ich *weiß*, dass all diese Spielzeuge und Bücher dazu führen werden, dass er sich später mit anderen Jungs auf dem Schulhof prügelt, dass er niemals zum Arzt geht und daher ein Magengeschwür entwickelt und dass er nicht über seine Gefühle sprechen kann. All das weiß ich, und was tue ich dagegen? Gar nichts! Weder habe ich jemals gegoogelt, ob es vielleicht irgendwo Erpelbücher gibt – vielleicht über den gefühlvollen Erpel Holger, der seine sechs Söhne nach dem schrecklichen Schwimmunfall seiner Frau alleine großziehen muss. Noch habe ich eine Mail an LEGO geschrieben und gefragt, ob sie vielleicht auch Frauchen haben, die »Air Force« oder »Deutsche Bahn« auf dem Rücken stehen haben. Nichts dergleichen! Ich weiß, ich sollte mich schämen. Aber ich bin abends einfach zu müde vom vielen Flugzeug-Spielen und Entengeräusche-Machen.

Ich bewundere in dieser Hinsicht die Frau meines Bruders, die ihrem zweiten Sohn zum ersten Geburtstag eine Babypuppe gekauft hat. Ganz bewusst wollte sie der geschlechtsstereotypen Erziehung ihres Zweitgeborenen frühzeitig einen Riegel vorschieben und so einer schicksalhaften weiteren Entwicklung vorbeugen. Besonders motiviert hatte sie vielleicht, dass ihr Ältester geschätzte neun Stunden am Tag als Kampfjet durch die Wohnung jagt und alle 30 Sekunden Angriffe auf Blumenvasen fliegt.

Am Abend jenes Geburtstages rief mein Bruder an, um mich um einen »psychologischen Rat« zu bitten. Mit dünner Stimme schilderte er die Puppen-Bescherung seines Jüngsten. Es war nicht nur die Tatsache, dass die Puppe rosa Kleidung trug, die ihm zu schaffen machte. Besonders erschreckt hatte ihn die begeisterte Reaktion seines Sohnes, der die Puppe sofort an sich gerissen und zärtlich geknuddelt hatte. Ich brauchte drei Stunden und all mein psychologisches Fachwissen, um ihn zu beruhigen.

Zum Dank schenkte mein Bruder auch Tom eine Babypuppe. Ich muss zugeben, dass ich schon etwas überrascht war, als Tom die Puppe auspackte. Auf rosa war ich ja vorbereitet gewesen. Aber das penetrante Zartrosa der diversen Puppenhemdchen und -röckchen und -söckchen überstieg selbst meine Vorstellungkraft. Meinen Sohn jedoch irritierte dies in keinster Weise. Er sah die Puppe, stieß einen Begeisterungslaut aus und knuddelte sie, wie er mich noch nie geknuddelt hat. Seitdem sind die beiden unzertrennlich.

Auch Katharina fand die Puppe übrigens »viel zu kitschig«. Aber es dauerte keine zwei Minuten, da hatte die rosa Plastikpuppe ihren Namen gefunden – Anna – und ihren Platz als jüngstes Kind der Familie eingenommen. Ich rutschte automatisch auf Position vier.

Heute Morgen dann sollte Anna mit in die Kita. Ich bot meine gesamte väterliche Autorität auf, um meinem Sohn diese Schmach zu ersparen. Mit einer Puppe im Arm in die Kita – das ist der soziale Tod für jeden Jungen! Aber die beste Mutter und Psychologin vom Siegfriedplatz belehrte mich, Anna sei für Tom ein »Übergangsobjekt« – ein Thema, bei dem ich im Studium offensichtlich gefehlt habe. Laut Katharina dient ein »Übergangsobjekt« dazu, den plötzlichen Sprung von der einen Lebenssituation in eine andere zu erleichtern, etwa den Übergang vom behüteten Zusammensein mit Mutter und Vater hin zum wilden Alltag der Kindertagesstätte. Ich argumentierte, dass ich ja auch nicht am Montagmorgen mit meinem St.-Pauli-Shirt und Badelatschen in die Beratungsstelle gehen würde, um mir den Übergang vom Wochenende zur Arbeitswoche zu erleichtern. Aber es gibt Diskussionen, bei denen ich von Anfang an weiß: Sie sind verloren. Anna kam mit in die Kita.

Ich sage es Ihnen ganz ehrlich: Dass ich das hier alles aufschreibe, ist in erster Linie ein Versuch, die Zeit totzuschlagen. Noch zwei Stunden, zwei grausam lange Stunden, bis ich endlich meinen Sohn aus der Kita abholen kann. Bis ich mit eigenen Augen sehen kann, ob Tom bereits zum Außenseiter geworden ist, ob er schon als »Mädchen« oder »Puppenjunge« verspottet wird. Bis ich höchstwahrscheinlich erleben muss, dass mich eine Erzieherin besorgt zur Seite nimmt, um »eine Kleinigkeit mit mir zu besprechen«.

Aber was auch immer heute in der Kita geschehen ist, nichts wird meinen Sohn und mich davon abhalten, unseren täglichen Spätnachmittagsspaziergang zu machen. Erst zum Spielplatz, wo Tom wie gebannt den älteren Jungen zuguckt, wie sie sich gegenseitig von der Rutsche schubsen. Dann, weil heute Montag ist, zum Trainingsplatz von Arminia Bielefeld. Und schließlich zu meinem Lieblingsteil unseres Rundgangs, einem netten kleinen Café direkt an der Großbaustelle Detmolder Straße. Dort werde ich dann wie üblich einen Kaffee trinken und den Wirtschafts- und Sportteil meiner Zeitung lesen, während Tom ganz in Ruhe den Baggern und Kippladern und Lastwagen zuschaut. Und Anna, das ist sicher, Anna bleibt zu Hause.

Das ultimative Abenteuer der Männlichkeit

ALS ICH KLEIN WAR, wollte ich gerne ein Abenteurer werden – etwa so wie Han Solo aus *Krieg der Sterne*. Han Solo war mutig, draufgängerisch, der beste Raumschiffpilot der ganzen Galaxie, und er kriegte alle Frauen. Er war ein cooler Typ – ein echter Mann. Zur Not hätte ich mich auch damit zufriedengegeben, so zu sein wie sein Mitstreiter Luke Skywalker. Der war zwar ein Milchgesicht, aber dafür ein verdammt guter Laserschwertkämpfer. Außerdem war »die Macht« mit ihm; ich verstand zwar nicht ganz, was das bedeutete, aber es klang äußerst vielversprechend.

Nun ist vielleicht schon deutlich geworden, dass ich selbst eher der zurückhaltende Typ war. Vor drohenden Schwertkämpfen mit dünnen Ästen etwa drückte ich mich geschickt. Nicht einmal an Seifenkistenrennen nahm ich teil. Häufig habe ich mir abends zu Hause die *Krieg der Sterne*-Filme angeschaut und gehofft, ein klein wenig von Han Solos Draufgängertum oder von Luke Skywalkers Macht könnte auf mich abfärben.

Neulich Nacht habe ich mir heimlich die *Krieg der Sterne*-Originaltrilogie noch einmal in voller Länge angesehen. Das war nötig, weil mir eine echte Lebensprüfung bevorstand. Ich würde sie als das wirklich letzte – oder gar: das ultimative – Abenteuer der Männlichkeit bezeichnen: vier Tage allein mit Tom.

Katharina wollte nämlich zu einer Psychotherapiefortbildung in den Schwarzwald: katathymes Bilderleben. Was das ist, müssen Sie jetzt wirklich nicht wissen, ich weiß es ja auch nicht genau. Aber es bedeutete, dass der Junge und ich vier Tage lang, von Sonntagnachmittag bis Donnerstagnachmittag, alleine sein würden.

Wo wir schon von Männlichkeit sprechen: Das ganze Schlamassel hat mir natürlich mein männlicher Stolz eingebrockt. Eines Abends, als ich gerade meine E-Mails las, fragte mich Katharina, ob sie zu einer Fortbildung fahren dürfte. Gedankenverloren sagte ich: »Ja, ja, warum nicht, kein Problem!« Sie sagte: »Aber die Fortbildung ist im Schwarzwald und dauert vier Tage.« Meine Herzschlagfrequenz verdoppelte sich augenblicklich, aber es war zu spät. Ich konnte nicht mehr zurück. Ein Mann muss tun, was ein Mann tun muss. Es ist die eine Sache, im Nachhinein über seine Ängste oder Überforderungsgefühle zu schreiben, aber eine ganz andere, sie in der Hitze des Gefechts seiner eigenen Frau gegenüber zuzugeben. Ich bemühte mich also, Gleichmut in meine Stimme zu legen und Augenkontakt zu vermeiden: »Ja, ja, vier Tage, O. K.!«

Als Katharina noch einmal nachfragte, ob ich mir das auch wirklich zutrauen würde, tat ich natürlich entrüstet. Ich fixierte sie scharf und sagte langsam und betont: »Katharina, ich bitte dich. Mich kann doch nun wirklich nichts mehr schocken. Ich habe mit suizidalen Menschen gearbeitet, mit depressiven und mit schizophrenen. Ich habe Männern, die wegen Totschlags im Knast saßen, auf den Kopf zugesagt, dass sie endlich lernen sollten, erwachsen zu werden, anstatt die Dinge wie 5-Jährige zu regeln. Und du glaubst, vier Tage allein mit meinem wunderbaren kleinen Sohn bringen mich aus der Fassung?« Katharina schaute mich lange an und sagte dann: »O. K., alles klar, vielen Dank!«

Manchmal bin ich selbst erschrocken, mit welcher Überzeugungskraft ich Dinge vermitteln kann, von denen ich nicht im geringsten überzeugt bin. Denn die Wahrheit ist: Natürlich würde es mir um einiges leichter fallen, mit einer ganzen Gruppe von Mördern und

Totschlägern über ihre Gefühle zu sprechen, als Tom vier Tage lang völlig allein zu betreuen. Therapie ist schließlich mein Job, das habe ich gelernt. Aber als Vater bin ich doch gerade erst im zweiten Ausbildungsjahr.

Vier Tage! Und es sind ja nicht nur die Tage, sondern auch die Nächte. Ich spreche von 96 Stunden absoluter Alleinverantwortung für ein Wesen, das man nur fünf Minuten am Tag unbeaufsichtigt lassen kann, nämlich dann, wenn es gerade sein Abendessen serviert bekommen hat. Bleiben 23 Stunden und 55 Minuten pro Tag. Rechnet man die elf Stunden Nachtschlaf ab und – da es vier Werktage sein werden – die sieben Stunden in der Kita, sind es immer noch fünf Stunden und 55 Minuten täglich.

Das klingt nicht nach viel, ist aber nicht ganz unerheblich. Man muss ja bedenken, wie gnadenlos durchgetaktet so ein normaler Tag mit Kind ist: 6.15 Uhr Aufstehen und sofort Frühstück machen und verfüttern, 6.45 Uhr Wickeln und Anziehen, 7 Uhr das gleiche Programm noch mal für mich selbst, 7.30 Uhr Tom in die Kita bringen und dann zur Arbeit fahren, 15.15 Uhr Tom aus der Kita abholen, 15.30 Uhr Beginn des nachmittäglichen Entertainment-programms, 17.15 Uhr Gassi gehen, 18 Uhr Abendessen, 18.30 Uhr Waschen und Zähneputzen, 18.45 Uhr Bilderbücher angucken, 19.15 Uhr Tom ins Bett bringen. Das sind nur die Eckdaten. Dann sind da noch die vielen Kleinigkeiten, die man aber um Gottes Willen nicht vergessen darf: Sind die Fingernägel geschnitten? Ist genug Milch im Kühlschrank? Und auf gar keinen Fall vor dem Schlafengehen versäumen, den atemfördernden Thymianbalsam auf die zarte Kinderbrust zu schmieren!

Gefordert war von mir also nichts Geringeres als eine emotionale und auch logistische Meisterleistung. Eins war daher klar: Ich brauchte einen Plan, ich brauchte Struktur – denn in potenzieller Gefahr gilt grundsätzlich: Vorbereitung ist alles! Würde sogar Han Solo sagen.

Das beginnt ja schon bei der Körperhygiene: Was ist etwa mit dem morgendlichen Duschen? Wie macht man das, wenn man mit dem Jungen alleine ist? Lässt man ihn einfach zehn Minuten unbeobachtet in seinem Zimmer und betet, dass er sich nicht versehentlich den Schläger seines Glockenspiels in den Hals rammt? Oder macht man so eine Turbodusche in 120 Sekunden, um das Selbstmordrisiko auf ein Fünftel zu reduzieren? Oder fährt man gar vier Tage lang ungeduscht zur Arbeit? Ich beschloss schließlich, abends zu duschen, wenn Tom schläft, und morgens lediglich Katzenwäsche am Waschbecken zu machen. Während dieser zwei Minuten würde ich dann Tom erlauben, mit der Klobürste zu spielen. Tom spielt leidenschaftlich gerne mit der Klobürste – darf das aus nachvollziehbaren Gründen normalerweise aber nicht.

Am Abend vor Katharinas Abreise aßen wir Pizza vor dem Fernseher, als Katharina plötzlich fragte: »Wie geht es dir denn jetzt damit, dass du vier Tage lang mit Tom allein sein wirst? Hast du Angst?« Ich nuschelte ein Nein und starrte möglichst ungerührt auf den Fernseher. Aber eine derart knappe Antwort ist auffällig, das war mir sofort klar. Die Therapeutin in Katharina würde merken, dass da was nicht stimmt. Ich drehte mich also bemüht beiläufig zu ihr hin und fragte: »Wieso denn Angst?« »Naja, immerhin wirst du vier Tage mit ihm alleine sein! Ich war noch nie vier Tage mit ihm alleine.« »Einmal ist immer das erste Mal«, sagte ich. Das war viel besser, das klang nicht nach Verleugnung. Gleichzeitig ist es schwer, etwas darauf zu entgegnen. Ich betete, dass ich damit durchkommen würde. Tatsächlich nickte

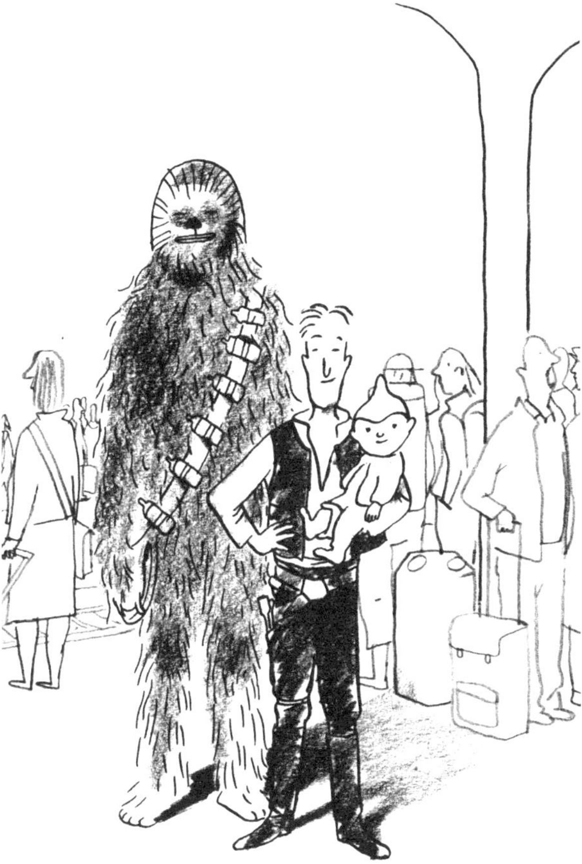

Katharina nur und sagte: »Also, ich glaube, ich hätte Bammel!« Dann schaute sie wieder zum Fernseher.

Ich musste innerlich lachen, denn »Bammel« war kaum ein angemessener Ausdruck für das tiefe und anhaltende Gefühl grenzenloser Überforderung, welches mich bereits seit Tagen völlig im Griff hatte. Aber was soll's, machte ich mir Mut, ich habe den Erfolgsratgeber *Das zweite Lebensjahr*, ich habe einen Ernährungsleitfaden aus dem Internetforum *Rabeneltern* und nicht zuletzt einen ausgeklügelten Hygieneplan. Ich habe die *Krieg der Sterne*-Deluxe-Edition mit allen sechs Filmen auf DVD. Ich bin bereit. Ich bin bereit, zum Mann zu werden.

Die vier Tage schließlich waren sehr, sehr anstrengend. Abends im Bett, meist schon gegen 21 Uhr, kämpfte meine Sorge, ob ich für den nächsten Tag alles gut vorbereitet hatte, mit meiner totalen Erschöpfung um die Gnade des Einschlafens. Aber, was soll ich sagen? Es lief alles bestens. Absolut bestens. Am Donnerstagnachmittag holten Tom und ich, beide frisch gewaschen und gekämmt, Katharina vom Bahnhof ab. Ich war glücklich. Glücklich, dass die beste Frau vom Siegfriedplatz zurück war, natürlich. Auch glücklich, dass die beste Mutter vom Siegfriedplatz zurück war, keine Frage. Aber vor allem war ich unendlich stolz. Ich stand auf dem Bahnsteig, Tom lässig auf einem Arm, und war 2,20 Meter groß. Han Solo ist höchstens 1,80 Meter.

Ich kann vielleicht kein Raumschiff durch einen Lüftungsschacht fliegen, aber wenn es darum geht, einen Möhrenbrei möglichst vitaminschonend zuzubereiten, macht mir keiner etwas vor. Ich gebe auch zu, dass es mir schwerfallen würde, mit zwei gebrochenen Handgelenken 77 feindliche Kämpfer niederzustrecken. Aber dafür wechsele ich eine randvolle Windel schneller, als sich die meisten Menschen ein Glas Saft einschenken können.

Als der Zug langsam in den Bahnhof einfuhr, spürte ich, wie der alte Han-Solo-Traum vor meinen Augen verblasste, wie er Sekunde für Sekunde bedeutungsloser wurde. Auf einmal fühlte ich mich unsagbar potent: Ich konnte nicht nur ein Kind zeugen, ich konnte es sogar eigenständig am Leben erhalten. »Die Macht« war mit mir, ich spürte es ganz deutlich. Von nun an würde sie immer mit mir sein.

Beste Wünsche

AN SO MANCHEM TAG sind die beste Mutter vom Siegfriedplatz und ich knapp 13 Stunden lang damit beschäftigt, unseren Tom zu füttern, zu wickeln, zu bespielen, zu ermutigen, zu betoben, vom Boden aufzuheben, zu trösten, zu wickeln, spazieren zu fahren, wieder zu füttern, zu wickeln, zum Mittagsschläfchen hinzulegen, dann schnell den Haushalt zu machen, um wieder zu füttern, zu wickeln, zu applaudieren, uns in die Beine beißen zu lassen, ganz schnell wieder zu füttern, Bücher anzugucken, zu waschen, zu wickeln, ins Bett zu bringen und zwischendurch millionenfach »Wo ist die Kuh, der Esel, die Ente?« zu spielen. An diesen Tagen fallen wir abends erschöpft aufs Sofa, entspannen uns für ein paar Minuten, um dann endlich mal in Ruhe reden zu können – meistens über Tom.

So saßen Katharina und ich auch gestern wieder zusammen und sprachen darüber, was wir uns eigentlich alles für unseren Tom wünschen. Das Wünschen ist grundsätzlich eine feine Sache und deshalb sprudelte es auch nur so aus mir heraus: »Also, zunächst mal hoffe ich natürlich, dass er nicht so ein Chaot wird, unstrukturiert und unordentlich, das wäre furchtbar. So einer, dem wir ständig alles hinterhertragen müssen und der dann später, wenn er erwachsen ist, plötzlich aus Bolivien anruft, dass wir ihn dort abholen müssen, weil er seinen Ausweis und all sein Geld verloren hat. Und emotionale Stabilität wünsche ich ihm, das ist ja überhaupt das Allerwichtigste. Nicht dass er ständig Tobsuchtsanfälle bekommt oder tiefe Depressionen oder schlimmer noch: heute das eine und morgen das andere. Nein, vielen Dank!« »Das stimmt«, sagte Katharina. »Ich hätte es in der Tat gerne ein wenig anders als bei der Arbeit.« Sie arbeitet in der Psychiatrie.

»Freunde«, fuhr ich fort, »Freunde wären auch schön, ein paar wirklich gute Freunde. Aber nicht zu viele, nicht so, dass er der beliebteste Junge der Klasse ist. Die sind meistens unerträglich arrogant, und besonders tiefsinnig werden sie auch nicht. Da haben sie gar keine Zeit zu, sie sind ja ständig verabredet. Nein, eine gewisse Einsamkeit und Grundmelancholie gehört schon dazu, finde ich, sonst wird man ja keine Persönlichkeit. Auch was Mädchen betrifft: Ich hoffe, dass er nicht gleich so viel Erfolg bei den Mädchen hat. Wer von Anfang an immer direkt eine Freundin abbekommt, wird total beziehungsunfähig. Der kann ja immer gleich zur nächsten, sobald es Schwierigkeiten gibt. Dann lieber ein Einzelgänger, ein Bücherwurm.«

Katharina nickte freundlich und empathisch, aber ich merkte, dass sie nicht so genau verstand, was ich meinte. Sie hat schon früh ihre ersten Freunde gehabt, und beziehungsunfähig ist sie ganz und gar nicht. Die Theorie hinkt also bei ihr, vielleicht gilt sie nur für Männer.

»Schlau genug, um gut durch die Schule zu kommen, sollte er sein. Vielleicht auch Abitur und Studium, das würde ich ihm wünschen, am liebsten natürlich etwas Geisteswissenschaftliches. Naja, und Enkel will ich natürlich auch mal haben.« An dieser Stelle hatte ich das Gefühl, etwas zu weit vorzugreifen, also fragte ich Katharina, was *sie* denn Tom so wünsche. Katharina überlegte kurz und sagte dann mit fester, zufriedener Stimme: »Ich wünsche mir einfach nur, dass er glücklich wird.«

Es gibt so Momente, in denen ich von einem Gefühl übermannt werde, welches irgendwo zwischen Überheblichkeit und Verachtung liegt. Das ist in der Regel ein untrügliches Zeichen dafür, dass mich jemand an einem sehr wunden Punkt getroffen hat, mitten hinein ins Schamzentrum. Denn es stellt sich schon die Frage, warum *ich* auf so etwas nicht komme: dem Jungen einfach Glück und Zufriedenheit zu wünschen. Warum ich ausschließlich mit seinen zukünftigen Errungenschaften beschäftigt bin – vor allem mit jenen, die *mich* stolz machen sollen.

Ich sagte: »Na toll!«, und ging in die Küche, um mir einen starken Kaffee zu machen. »Na toll!« ist grundsätzlich eine gute Lösung, wenn man mit dem Rücken an der Wand steht, denn »Na toll!« kann so ziemlich alles bedeuten: Anerkennung, schneidende Ironie, Abwertung, sogar Enttäuschung. »Na toll!« ist so nebulös und unspezifisch, dass man hinterher noch in Ruhe überlegen kann, wie es gemeint gewesen war. Und starken Kaffee zu machen, ist in so einer Situation ebenfalls gut: Kompensation der Scham durch Selbstbestrafung in Form übermäßigen Koffeinkonsums am Abend.

Ich kam also wieder zurück ins Wohnzimmer und Katharina, die diese »Na toll!«-Kaffees schon von mir kennt, fragte vorsichtig: »Sag mal, kann es sein, dass du dir für Tom all das wünschst, was du selbst bist und erlebt hast?« Ich antwortete: »Ja, klar, kann schon sein. Ist doch bei dir nicht anders, oder?« Ich fand das sehr geistreich – Katharina schmunzelte auch und nickte und umarmte mich. Allerdings ist es ziemlich kindisch, geistreiche Antworten zu geben, wenn sie nicht das ausdrücken, was man sagen möchte. Denn auch Wortgewandtheit kann einen nicht vor der Wahrheit schützen: Es ist schon komisch, dass man seinem Sohn, den man über alles liebt, ein Schicksal wünscht, dem man selbst immer entfliehen wollte.

Mama, Mama

Als Psychotherapeut bin ich es gewohnt, den Menschen dabei zu helfen, das Sprechen zu lernen. Von daher fühle ich mich für Toms momentane Entwicklungsphase – den Spracherwerb – bestens gerüstet. Ich bin fähig und willens, meine diesbezüglichen väterlichen Pflichten umfassend und voller Freude zu erfüllen. Es gibt da nur ein Problem.

Tom ist heute genau 15 Monate und 17 Tage alt. Sein aktiver Wortschatz umfasst 78 Wörter. Mit »aktiver Wortschatz« ist gemeint, dass es 78 Dinge gibt, die Tom von sich aus korrekt benennen kann. Einfaches Nachplappern zählt nicht, denn nachplappern kann Tom alles Mögliche. Ich bezweifle aber, dass er die quintessenzielle Bedeutung von Begriffen wie »beide«, »anders« und »verdammt noch mal«, beziehungsweise »verdammamal«, wirklich begriffen hat.

Bleiben also 78 Wörter. Wir haben sie gezählt. Wobei wir uns über die genaue Anzahl nicht ganz einig sind. In Katharinas Zählweise sind es 79 Wörter. Ich aber weigere mich, den Begriff »Padautz« als vollwertiges Wort zu akzeptieren. »Padautz« wird in einem von Toms Kinderbüchern für das Geräusch beim Hinfallen verwandt. Damit ist »Padautz« für mich als analog zu »Boing« und »Bumms« zu betrachten – Ausdrücke, die Tom schon lange benutzt und die wir schließlich auch nicht zählen. Vielleicht sollten wir bei solchen strittigen Fragen den Duden bemühen, so wie man das beim Scrabble macht. Wir haben allerdings keinen Duden, da wir nie Scrabble spielen. Daher bleibe ich bei 78 Wörtern.

78 Wörter sind viel! Zumindest für einen fünfzehneinhalb Monate alten Jungen. Gewöhnlich – so hat es die beste Mutter vom Siegfriedplatz gelesen – durchbre-

chen Kinder die 50-Wörter-Grenze im Alter von 18 Monaten. Ich kann nicht verhehlen, dass mich das sehr stolz macht. Zumal ich als Therapeut ja ein Freund des gesprochenen Wortes bin. Sei's drum, dass Tom immer noch keine zehn Meter geradeaus laufen kann, ohne auf die Nase zu fallen, während sein kaum zwei Monate älterer Kita-Kumpel Niklas schon einen Fußball volley schießen kann. Für die fußballfernen Schichten: Das bedeutet, dass Niklas einen Ball in der Luft trifft! Mit knapp 17 Monaten! Dafür kann Niklas allerdings auch einen Bären nicht von einem Hasen unterscheiden, zumindest verbal nicht. Tom dagegen differenziert korrekt zwischen Esel (»E-sell«) und Pferd (»Hoppe-hoppe«). »Hoppe-hoppe« war übrigens auch wieder so ein Streitfall zwischen Katharina und mir: Sie wollte »Hoppe-hoppe« zunächst dazuzählen, sah aber ein, dass wir dann den Begriff »Hund« dreifach zählen müssten, da Tom je nach Stimmungslage »Hunt«, »Wauwau« oder »Kö-ta« sagt.

Aber das alles ist nicht das Problem. Das Problem ist, dass Tom acht Tiere benennen kann: Neben »Hunt« noch »Tatze«, »Maus«, »Hunn« »Ha-ße«, »Enn-te«, »Elch« und »Otta«. Ach, und dann ist da noch »Mö-se«, ein Wort, das Tom auf einem Ostseeausflug mit seinen Großeltern gelernt hat. Es war uns allen schon etwas peinlich, die dicht bevölkerte Strandpromenade mit einem Jungen entlangzuschlendern, der in seinem Kinderwagen saß und ohne Unterbrechung »Mö-se, Mö-se« skandierte.

Tom kann übrigens auch viele Grundnahrungsmittel korrekt bezeichnen, zum Beispiel »Maißßß«, »Bahane«, »Möhre«, »Wasser« und »Apf«, was zwar etwas kurz ist, aber man muss auch mal Fünfe gerade sein lassen. Ferner kennt er etliche Körperteile, Spielzeuge und Küchenutensilien. Er benutzt sogar so absolut altersunangemessene Begriffe wie »Sehelboot«, »Fahadhelm« und »Kleinabaum« (für unsere Topfpflanzen).

Das Problem ist, dass Tom all das sagen kann. *Aber er sagt nicht »Papa«!*

Niemals, nicht ein einziges Mal hat er bisher »Papa« gesagt! Dabei tue ich alles für den Jungen: Ich bin präsent, habe Elternzeit genommen und meine Arbeitszeit reduziert. Wir spielen zusammen, gucken Bücher an, ich bringe ihn ins Bett, stecke ihm nachts den Schnuller wieder in den Mund, ich wickele, pudere, bespaße und tröste ihn. Und er sagt nicht »Papa«!

Ich habe schon alles probiert, habe all meine beruflichen und privaten Kompetenzen in die Waagschale geworfen. Auch Katharina, die großes Mitleid mit mir hat, tut immer wieder ihr Bestes und streut das Wort »Papa« überall ein, selbst wenn es inhaltlich wenig Sinn macht: »Guck mal, Tom, eine Jacke – so eine hat *Papa* auch!« Oder: »Tom, spiel schön weiter, ich gehe mal auf die Toilette – so wie *Papa* auch manchmal, wie *Papa*!«

Aber es hilft alles nichts. Er sagt es nicht, er sagt es einfach nicht. Auch nicht »Paps« oder »Papi« oder meinetwegen auch »Pupu« oder irgendetwas, womit ich mich als Vater auch nur im Entferntesten angesprochen fühlen könnte.

Dabei, so habe ich in einem Elternratgeber nachgelesen, ist »Papa« gewöhnlich das erste oder zweite Wort, das ein Kind spricht, in Ausnahmefällen das dritte. Manchmal kommt nämlich zuerst »Mama«, darauf »Hamham« und dann erst »Papa«. Wobei »Hamham« für mich auch wieder kein zählenswertes Wort ist, schließlich heißt es immer noch »Essen«. Es wundert mich nicht, dass Deutschland in der PISA-Studie ganz hinten landet, wenn Bestseller-Pädagogen »Hamham« als ernstzunehmendes deutsches Substantiv betrachten. Auf jeden Fall ist bei Tom »Papa« nicht das dritte Wort gewesen, auch nichts das vierte, noch nicht einmal das neunundsiebzigste.

Er nennt mich »Mama«. Wenn ich morgens an sein Bettchen komme, strahlt er mich an und ruft: »Mama!« Neulich fuhren wir zusammen im Auto. Ich ging davon aus, dass er schlief, da er so still war. Als ich aber niesen musste, hörte ich von hinten ein freundliches »Sundheit, Mama«!

Eigentlich ist es ja auch ganz schön, dass Tom (noch) nicht in klassischen Geschlechtsrollenzuschreibungen verhaftet ist: Er spricht eben die beiden Menschen mit »Mama« an, die er am meisten liebt auf der Welt. Dennoch ist es mir ein bisschen unangenehm, wenn ich ihn aus der Kita abhole und er auf meinem Arm »Mama, Mama!« ruft. Die Erzieherinnen gucken mich schon etwas mitleidig an.

Und manche Menschen belassen es ja nicht bei mitfühlenden Blicken: Vorige Woche etwa war ich mit Tom in einem dieser Dritte-Welt-Läden, in denen es biologisch wertvollen und fair gehandelten nicaraguanischen Hochlandkaffee gibt. Den wünscht sich mein Bruder immer zum Geburtstag, da er ja auf Malta wohnt, wo man anscheinend nur Tee bekommt. Vermutlich hatte ich mich etwas zu lange mit der Kaffee-Auswahl aufgehalten; Tom wurde jedenfalls etwas quengelig und mahnte mich mit leisen, aber beständigen »Mama, Mama!«-Rufen zur Eile. Daraufhin beugte sich die in Leinentücher gehüllte Verkäuferin zu Tom hinunter und sagte mitfühlend: »Oh ja, du vermisst deine Mama, nicht wahr?«

Nun mag Tom es nicht besonders, wenn ihm fremde Leute zu nahe kommen. Daher drehte er sich zu mir um

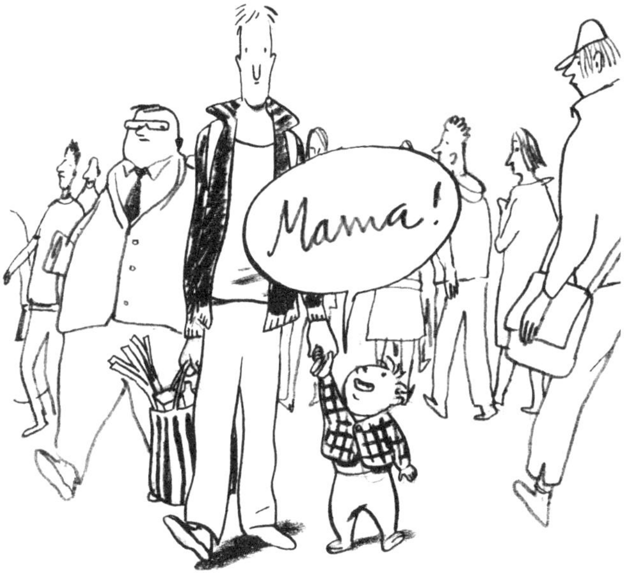
Mama!

und rief: »Mama, fahren!« Die Frau guckte Tom noch mitleidsvoller an, tätschelte ihm die Wange und sagte: »Ja, ja, du willst zu Mama fahren; Mama ist einfach die Beste, nicht wahr?« Tom hatte nun wirklich genug, er wiederholte beständig: »Mama, fahren, Mama, fahren!« Die Verkäuferin muss dies wohl als Bestätigung empfunden haben; sie lächelte mich an und nickte bedeutungsschwer mit dem Kopf. Ich starrte zurück und lächelte nicht. Mein Bruder bekommt dieses Jahr Socken.

Nun schert es mich eigentlich wenig, was die Leute sagen oder denken. Aber ich fühle mich mit »Mama« einfach nicht wirklich gemeint. Ich weiß, ich weiß, das liegt nur daran, dass *ich* in klassischen Geschlechtsrollenzuschreibungen verhaftet bin. Aber so ist das nun mal, das kann ich jetzt auch nicht mehr so schnell ändern. Ich bin bald 40, das steckt eben so in mir drin. Auch wenn es traditionell ist oder spießig oder unflexibel oder meinetwegen sogar »Macho«: Ich würde einfach gerne von meinem einzigen Sohn »Papa« genannt werden – so wie es mir laut dem Ratgeber *Die ersten beiden Lebensjahre des Kindes* längst zusteht. Ist das denn wirklich zu viel verlangt?

Toms neunundsiebzigstes Wort übrigens, das er gestern Abend beim Schlafengehen zum ersten Mal gesagt hat, ist »Nacht«. Wir standen zusammen am Fenster und guckten einen Moment in die Dunkelheit hinaus. Plötzlich zeigte Tom nach draußen und sagte: »Nacht«. 15 Monate und 16 Tage alt – und er verfügt in seinem aktiven Wortschatz über abstrakte Begriffe! Ich bin sicher, der Junge wird es weit bringen. Er wird vermutlich studieren, Linguistik oder Literaturwissenschaft, und dann wird er die Abschlussrede seines Studienjahrgangs halten, eine geistreiche, witzige, viel beklatschte Abschlussrede, die er – denn er ist ein sehr dankbarer

Junge – enden lassen wird mit den Worten: »Ich möchte an dieser Stelle auch der Universität danken und all den tollen Kommilitoninnen und Kommilitonen. Aber mein ganz besonderer Dank gilt meinen beiden wunderbaren Eltern, die heute auch hier sind: Mama und Mama!«

Schlafgefährten

»WIE MAN SICH BETTET, so liegt man! Und wie man sein Kind bettet, so schläft es!« Es stehen eine Menge Sätze wie diese in dem Buch *Nie mehr Tränen im Kinderbett. Der sanfte Weg in den kindlichen Schlaf* des indischen Homöopathen und Meditationsmeisters Abhijat Hari. Ich persönlich tendiere ja eher zu den klassischen mitteleuropäischen Elternratgebern, aber Katharina hat mir *Nie mehr Tränen im Kinderbett* geschenkt, kurz nachdem sie *Jedes Kind kann schlafen lernen* aus unserem Haushalt verbannt hatte.

Nun wird sowohl bei Abhijat Hari als auch in den anderen einschlägigen Publikationen viel darüber geschrieben, was man unbedingt vermeiden sollte, wenn man sein Kind zur Ruhe legt. Eher wenig erfährt man hingegen darüber, wie man es denn nun hinkriegt, dass das Kind schön alleine ein- und durchschläft. Lediglich bei einem Thema sind die ausgewiesenen Experten, also die Meditationsmeister, Pädagogen und Mütter, einer Meinung: Von herausragender Bedeutung für den kindlichen Schlaf ist das Kuscheltier.

Ganz neu war uns das natürlich nicht. Daher hatten Katharina und ich den Kuschelbären Theodor bereits pränatal in die entstehende Familie integriert: Allabendlich wurde Tom von Theodor intensiv besprochen und besungen. Ich verlieh Theodor dabei eine tiefe und bärige Stimme, was insbesondere beim Singen schnell zu Heiserkeit führte. Theodors rauchiger Bass dürfte Tom also vertrauter geworden sein als meine eigentliche Stimme.

Der Erfolg dieser Maßnahme ist ernüchternd: Tom, ein neugieriger kleiner Bursche, der für alle Spielzeuge, Kuscheltiere und überhaupt jeden Quatsch zu haben ist, ignoriert Theodor seit eh und je. Er würdigt ihn keines Blickes. Selbst wenn ich Theodor diese bärig-charismatische Stimme gebe: absolut nichts.

Noch verstörender aber ist die Geschichte mit »Odda«. »Odda«, ein wie ich finde nur bedingt kuscheliger Fischotter, war lange Zeit Toms absoluter Liebling. Wo wir auch hingingen, »Odda« durfte auf keinen Fall fehlen. War Tom einmal aus irgendwelchen Gründen nicht zu beruhigen, nickte ich der besten Mutter vom Siegfriedplatz nur kurz zu: »Lass mal Odda mit ihm reden!« Sobald Toms Finger seinen geliebten Fischotter berührten, verstummte das Geschrei augenblicklich. Vor allem nachts war uns »Odda« eine große Hilfe.

Eines Tages aber gab es einen Bruch: Von einem Augenblick auf den anderen wandte sich Tom von seinem Kuschelotter ab. Seitdem begegnet er »Odda« mit derselben Gleichgültigkeit wie dem armen Theodor. Wir wissen bis heute nicht, was zwischen den beiden vorgefallen ist. Selbstverständlich haben wir alles versucht, um eine Versöhnung herbeizuführen: Wir haben »Odda« um Entschuldigung bitten, ja, um Gnade flehen lassen. Sogar paartherapeutische Gespräche haben wir versucht. Es hat alles nichts genutzt: »Odda« ist für Tom gestorben. Er sitzt nun im Regal, im Kreise der gewöhnlichen Kuscheltiere, und schaut mich jedes Mal vorwurfsvoll an, wenn ich vorbeikomme.

Also haben wir es mit Marvin und Ted probiert, einem Hunde-Zwillingspärchen. Tom findet Marvin und Ted klasse, er spielt sehr gerne mit ihnen. Er gibt ihnen Happa-Happa, lässt sie Aa machen und fügt ihnen auch mal Aua zu. Häufig lässt er sie auch miteinander kuscheln oder legt sie zum Schlafen hin. Nichts in der Welt allerdings kann Tom dazu bewegen, *selbst* mit entweder Marvin oder Ted oder meinetwegen auch beiden zusammen zu kuscheln. Nicht mal Ei-Ei will er bei ihnen machen. Als wir Tom seine beiden Spielgenossen einmal beim Mittagsschlaf vorsichtig mit ins Bett gelegt haben, fing er sofort an zu heulen und versuchte, sie über das Gitter zu werfen. Auch wenn es schade ist, muss ich doch sagen, dass ich den Jungen verstehen kann. Ich habe ebenfalls ein paar Kumpels, mit denen ich auf gar keinen Fall das Bett teilen möchte.

Die Wende brachte schließlich ein Besuch im Drogeriemarkt *dm*. Ich stand gerade vor dem Schnullerregal und versuchte krampfhaft mich zu erinnern, ob Latex- oder aber Silikonschnuller die weniger gesundheitsschädliche Variante waren. Plötzlich wurde ich von lauten »Haben, haben!«-Rufen aus meinen Gedanken gerissen. Tom strampelte heftig in seinem Kinderwagen und deutete mit dem Finger vehement in Richtung der abscheulichen Plastikringe und billigen Stoffpüppchen, auf denen zahnende Kinder zwecks Schmerzlinderung herumkauen sollen. Nach einigen Fehlversuchen konnte ich einen langweiligen, vermutlich chemikalienverseuchten und von Kinder- oder Sklavenhand gefertigten 2,99-€-Stoffzwerg als Objekt seiner Begierde identifizieren. Tom riss mir den Zwerg aus der Hand, kuschelte sich sofort an ihn und legte ihn erst wieder beiseite, als ich ihm zwei Stunden später ein Butterbrot anbot. Selbst an der *dm*-Kasse war er nicht zu einer kurzzeitigen Trennung zu überreden; die Kassiererin musste aus dem Kassenhäuschen zu Tom herumkommen und so tun, als würde sie den Zwerg mit ihrem Scanner füttern.

Keine Frage, Tom hatte sich verliebt. Nein, es ist mehr als das: Der Zwerg gibt ihm Geborgenheit, Sicherheit, innere Ruhe. Vermutlich wird er durch den intensiven Kontakt mit diesem kontaminierten Billig-Zwerg mittelschwere Hautschäden davontragen. Aber da muss man halt abwägen: Schlafschwierigkeiten des Kindes sowie Eltern, die nach Nervenzusammenbrüchen in psychiatrischer Behandlung sind, gelten als nicht zu unterschätzende Risikofaktoren für die kindliche Entwicklung.

Nur der Form halber sollte ich vielleicht noch erwähnen, was schon offensichtlich ist: Am Abend des Kennenlernens von Tom und »Zwergi« legten wir das Püppchen in sein Bett. Mit dem Effekt, dass Tom sich von meinem Arm herunter artistisch in sein Bett stürzen wollte. Ich legte ihn hin, gab ihm seinen Schnuller, er griff sich den Zwerg und schlief fast unmittelbar ein. Seit jenem Tag schläft er gerne und vollkommen problemlos. Wenn er doch einmal erwacht, wissen wir sofort, was los ist, trotten im Halbschlaf zu Toms Bett hinüber und geben ihm »Zwergi« zurück in die Hand.

Ich allerdings finde nachts kaum noch Ruhe. Meist liege ich bis zwei Uhr morgens wach, weil ich Angst habe, dass Tom sich irgendwann auch von seinem China-Import-Zwerg abwenden könnte. Wenn ich schließlich einschlafe, plagen mich Alpträume: Neulich Nacht etwa bleibt unser Auto auf den Gleisen des Bahnübergangs Windelsbleicherstraße stehen. Natürlich rast gerade ein Zug heran. Ich versuche die Tür zu öffnen, aber aus irgendeinem Grund geht das nicht. Überhaupt kann ich mich nicht richtig bewegen, da meine Arme wie Gummischläuche hin- und herwabern. Tom hingegen befreit sich problemlos aus seinem Kindersitz und verlässt seelenruhig das Auto. Ich schreie in Panik seinen Namen, der Zug kommt immer näher. Da endlich öffnet Tom die Fahrertür, schaut erst mich an, dann auf meine Brusttasche, in die ich »Zwergi« gesteckt habe. Er greift sich seinen Zwerg, sagt: »Gute Nacht, Mama!« und wirft die Tür wieder zu.

Von diesem Knall wache ich dann auf, schweißgebadet, und traue mich für den Rest der Nacht nicht mehr zurück in mein Bett. Manchmal wünsche ich mir Rüdiger zurück, meinen Stofftiger aus Kindertagen. Rüdiger hat mir in solchen schweren Momenten immer guten Beistand geleistet. Leider ist er Mitte der 8oer-Jahre als Spielzeugspende nach Rumänien gegangen. Ich denke nicht, dass er dort jetzt noch auffindbar ist.

Sohnlos in Linz

»Sagen Sie, haben Sie auch ein Kinderbett?« Ehrlich, ich weiß selbst nicht, wieso ich das gefragt habe, an der Rezeption dieses hübschen kleinen Hotels in Linz, in dem ich gerade eincheckte. Ich hatte es nicht einmal gedacht, bevor ich es aussprach. Es rutschte einfach so heraus, aus einer ganz tiefen Schicht meines Unterbewusstseins. Zumal sich Tom, der beste Sohn der Welt, gerade 750 Kilometer entfernt befand, zu Hause in Bielefeld, wo er vermutlich gerade damit beschäftigt war, seine Rotznase am Pullover der besten Mutter vom Siegfriedplatz abzuwischen und dies als zärtliches Ankuscheln zu tarnen.

»Selbstverständlich, Herr Süfke. Sollen wir Ihnen ein Bettchen aufs Zimmer bringen?«, fragte die ebenso sympathische wie attraktive Rezeptionistin. Es ist ein mir absolut unerklärliches Phänomen, dass ich grundsätzlich an sehr sympathische und attraktive Frauen gerate, wenn ich etwas zutiefst Peinliches sage. »Nein, nein«, murmelte ich schwach, »ich wollt's nur wissen, nur so, ist schon gut...« Ich griff schnell nach meinem Zimmerschlüssel, ohne sie noch einmal anzuschauen.

Vielleicht könnte ich Schlafmangel zu meiner Entschuldigung anführen. Immerhin war mein Zug um 5.37 Uhr abgefahren, das bedeutete Aufstehen um 4.30 Uhr und, da ich immer sehr schlecht schlafe, wenn ich früh raus muss, Wachliegen seit 2.30 Uhr. Aber selbst nach einem erholsamen Mittagsschläfchen ertappte ich mich dabei, wie ich beim Blättern in der Hotelmappe minutenlang die Ausführungen über den Babysitting-Service studierte und fast wegen einer Unklarheit die Rezeption angerufen hätte. Spätestens da hätte ich wissen müssen, dass meine erste Alleinreise seit der Geburt meines

Sohnes keine gute Idee gewesen war. Ich hätte mir eingestehen müssen, dass ich noch nicht so weit war. Ich hätte Maßnahmen ergreifen, psychologisch gegensteuern müssen. Stattdessen machte ich einen Stadtbummel.

An der Touristeninformation besorgte ich mir Broschüren über das Linzer Kulturprogramm. Knapp 15 Minuten später fand ich mich in einer Ausstellung über »Kinderspielzeug im Wandel der Zeit« wieder. Im Nachhinein frage ich mich natürlich schon, ob es sein kann, dass es in Europas Kulturhauptstadt 2009 an einem Sonntagnachmittag keine kulturellen Alternativen zu einer Spielzeugausstellung gegeben hat. Als ich wieder an der frischen Luft war, versuchte ich mich auf Renaissancekirchen, gut erhaltene Gründerzeitvillen und die barocken Verzierungen der Häuser rund um den Marktplatz zu konzentrieren.

»Kann ich Ihnen helfen?« Ich musterte gerade im Vorbeigehen die vielen Tauben auf der Dreifaltigkeitssäule. Tauben sind ja, zusammen mit Enten und Eseln, Toms Lieblingstiere, weswegen wir auch täglich einen Rundgang durch die Bielefelder Innenstadt machen. »Kann ich Ihnen helfen?«, hörte ich die Frauenstimme erneut. Ich drehte mich zur Seite. Es war eine Mutter mit Kinderwagen, die direkt neben mir stand. »Wie bitte?«, fragte ich, obwohl ich sie genau verstanden hatte. Das ist eine ziemlich dumme Angewohnheit von mir, ich weiß – nicht zuletzt, weil die beste Frau vom Siegfriedplatz mich alle zwei Tage darauf aufmerksam macht.

»Nun, Sie gingen eine ganze Weile neben mir her. Da dachte ich, Sie wollten vielleicht etwas fragen oder so.« Die Frau schaute mich mit einladender Miene an. Sie sah sehr nett aus, eine etwas ältere Mutter bereits, sprich: ungefähr mein Alter. Ich stammelte: »Nein danke ... nein ... vielen Dank!« Irgendwann einmal werde ich die Frage zum Zusammenhang von Peinlichkeit und Attraktivität der Frau an diesen Philosophieprofessor schicken, der in der *Süddeutschen Zeitung* Fragen beantwortet. Ich sah der Frau hinterher, wie sie ihren roten Kinderwagen über den Marktplatz schob. »Fast so rot wie unserer!«, dachte ich noch.

Mein Kulturprogrammheft offenbarte, dass es an diesem Sonntagabend nur eine einzige Theateraufführung in Linz geben würde: *Father and Son – eine Hommage an Cat Stevens in sieben Akten*. Ich war gerade auf dem Weg dorthin, da sah ich, dass in einem Kleinkunstkino der Film *Findet Nemo* gezeigt wurde, ein wundervoller Zeichentrickfilm über die Suche eines Fischvaters nach seinem verlorenen Fischsohn. Zum Glück saßen an diesem Abend nur zwei weitere Leute im Kino, und zwar einige Reihen weiter vorne. Daher machte es nichts, dass ich ungefähr ab Minute fünf, also dort, wo der Fischsohn verschwindet, den ganzen Film durchheulte.

Abends stellte ich in einem Anflug masochistischer Selbstkasteiung meinen Handywecker auf 5.50 Uhr, obwohl ich zum ersten Mal seit 18 Monaten hätte ausschlafen können. Ich nahm mir vor, von 6 Uhr bis 7.30 Uhr darüber zu meditieren, warum ich nur wegen einer blöden Vortragsreise meinen kleinen Sohn vaterlos zurückließ – und mich selbst sohnlos.

Nach dem Frühstück beruhigte ich mein nur unwesentlich verbessertes Gewissen – und meine grenzenlose Sehnsucht –, indem ich in jedem Geschäft, das auch nur ansatzweise kleinkindkompatible Waren verkaufte, ein Souvenir für Tom erwarb. Gegen 18 Uhr war ich pleite und sehr erleichtert, dass ich endlich arbeiten durfte. Nach meinem Vortrag saß ich noch mit den beiden

Organisatoren der Veranstaltung beim Bier zusammen, und wir tauschten lustige und berührende Kindergeschichten aus. Ich ließ die beiden erst gehen, als sie lange nach Mitternacht davon zu erzählen begannen, dass ihre jeweiligen Kinder meist schon vor 6 Uhr aufwachten. In der Elternsprache ist das ein unmissverständlicher Code für: »Ich will jetzt wirklich, wirklich nach Hause!«

Am nächsten Morgen im Zug nach Bielefeld setzte ich mich auf meinen reservierten Platz, der erstaunlicherweise im Familienabteil war – bis mich der Schaffner darauf hinwies, dass ich mich in Wagen 21 befände und nicht in Wagen 24. Der Mann war aber sehr freundlich. Er brachte mich zu meinem tatsächlichen Platz, zwinkerte mir zu und fragte mitfühlend: »Na, lange weg gewesen von zu Hause?« »Drei Tage«, murmelte ich beschämt. Der Schaffner nickte langsam und holte seine Brieftasche heraus. »Johanna und Carlotta!«, sagte er stolz und zeigte mir Fotos von seinen beiden Töchtern in Fußballtrikots. Ich sah darüber hinweg, dass es Bayern-München-Trikots waren – als Vater auf Entzug kann man bei der Auswahl seiner Leidensgenossen nicht wählerisch sein. Dann bat ich ihn, sich zu setzen, bis ich meinen Laptop ausgepackt und hochgefahren hätte. Von kurz hinter Passau bis Regensburg Hauptbahnhof guckten wir Tom-Fotos, bis uns ein Kollege des freundlichen Schaffners störte, indem er von außen gegen die Scheibe klopfte.

Die letzten sechs Stunden meiner Reise verbrachte ich damit, Franz Kafkas *Brief an den Vater* zu lesen, ein letzter Akt der Selbstbestrafung für meine dreitägige väterliche Abwesenheit. Und ein Akt der Mahnung, natürlich. Als ich Tom auf dem Bielefelder Bahnsteig entgegenlief, war ich aufgeregter als bei meinem ersten Date.

Ich bin nicht besonders gut im Glücklichsein. Ich neige dazu, das Glück schnell als »Standard« hinzunehmen, als emotionales Normalnull, als Meeresspiegelhöhe auf der Landkarte des Lebens. Es ist gut, mich ab und zu ins Wasser zu schubsen, in die Tiefen des Meeres, am besten im Spätherbst, wo die Kälte des Wassers ihre Wirkung nicht verfehlt. Dann wache ich auf, bekomme einen klaren Kopf, orientiere mich kurz und rette mich schleunigst ans Ufer. Dort schüttele ich mich einmal kräftig, schaue auf und erkenne das Land, auf dem ich stehe, endlich wieder als den atemberaubenden Berg, der es in Wirklichkeit ist.

Sehnsucht

DIESES BUCH ENDET HIER, wo Tom gerade einmal 18 Monate alt ist. Es endet hier, weil ich selbst noch nicht weiß, wie es weitergeht. Genügend Fantasien dazu habe ich, keine Frage, vor allem natürlich sorgenvolle Fantasien: Ich denke an Unfälle, Schicksalsschläge, Drogen, verpasste Schulabschlüsse und absolut unzumutbare Freundinnen. Als ich eines Abends der besten Mutter vom Siegfriedplatz mal wieder von diesen meinen Horrorvorstellungen berichtete, fragte sie plötzlich: »Hast du denn gar keine positiven Visionen für euch beide in der Zukunft?« Ich überlegte kurz, dann erschien er recht klar vor meinem inneren Auge, mein Wunsch, mein einer und einziger Wunsch.

Er spielt im Jahre 2037. Tom und ich sitzen abends auf der Terrasse, während Katharina am Esszimmertisch Geburtstagsgeschenke für unsere jüngste Großnichte einpackt. Tom erzählt ein bisschen von seiner Arbeit als Restaurantkritiker und viel von seiner Freundin Lara, die gerade hochschwanger im Arbeitszimmer sitzt und für Amnesty International mit chinesischen Menschenrechtlern telefoniert. Ich spreche darüber, wie das Altern die eigene Identität verändert – unmittelbar nachdem man es endlich geschafft hatte, sich mit sich selbst anzufreunden. Wir lachen viel, manchmal schweigen wir, und wir genießen es, bissige Kommentare machen zu dürfen, für die wir sonst vorwurfsvolle Blicke ernten würden beziehungsweise eine »Rüge von Amnesty International«, wie Tom sich gerne ausdrückt.

»Ich habe da noch was für dich«, sage ich irgendwann und überreiche Tom ein kleines Geschenk. »Wo du doch bald Vater wirst!« Tom befühlt das Paket und ruft mit gespielter Begeisterung: »Ein Buch, Vater, ein Buch! Endlich einmal ein Buch von dir, nach all den Jahren!« »Ich weiß wirklich nicht, von wem du diesen Sarkasmus geerbt hast!«, sage ich und schenke uns Wein nach, während Tom das Paket auspackt.

»Die Ritter des Möhrenbreis. Geschichten von Vater und Sohn«, liest Tom laut. Er blättert darin herum, dann liest er den Klappentext. »Über mich«, sagt er und schaut mich an. »Oder vielmehr: über uns!« Er ist sichtlich gerührt, eine Träne fließt ihm über die Wange. Er wischt sie nicht weg, er schaut nicht weg, er schaut mich direkt an. Mir fällt es schwer, seinen liebevollen Blick zu halten – immer noch fällt mir so etwas schwer, nach all den Jahren. Ich muss schmunzeln über mich selbst und bemühe mich, nicht wegzusehen. Tom blättert weiter in dem Buch herum, ein paar Mal muss er lachen über die Altertümlichkeit des Layouts, der Schrift, wir müssen beide lachen. »Das muss ich Lara zeigen«, sagt er schließlich und läuft ins Haus.

Ich weiß, man hat keinen Wunsch frei, auch nicht einen einzigen. Aber vielleicht ist es trotzdem gut, einen zu haben.